Alfred und Verena Bollinger

STROMBOLI

Leuchtturm des Mittelmeers

AS Verlag

Vulkaninsel von
Süden mit dem
Vàncori-Massiv. Die
Rippen und Furchen
beruhen auf erstarr-
ten Lavaströmen.
Rechts hinten das
Dorf Stromboli und
der Küste vorgela-
gert das Riff des
Strombolicchio.

«Unten schmeckt es nach Salzwasser,
oben riecht es nach Schwefel.»

Peter Möhr, der nie auf der Insel war

ZUM EINSTIEG

Der Morgen dämmert. Dumpf klopfend gleitet die Fähre durchs südliche tyr-
rhenische Meer. Am verschwommenen Horizont verschmilzt der Himmel mit
den sanften Wellen. Aus dem heller werdenden Grau, so wissen wir, muss in
Kürze eine Pyramide wachsen. Auf die Reling gestützt, spähen wir nach vorn
und rätseln, was wir auf der Insel wohl diesmal Besonderes erleben werden. Ein
unscharfes Dreieck scheint sich aus Dunst und Fluten abzuheben, löst sich aber
gleich wieder in Nichts auf. Hat uns ein Trugbild genarrt, eine Fata Morgana?
Warten, schier endlos warten. Hoch über dem Meer leuchtet jetzt ein roter
Punkt auf und erlischt. Ein weiterer Spuk? Nein, der Vulkankegel schält sich
wirklich aus dem fahlen Grau. Im Maßstabslosen des Meers wirkt er größer, als
der Berg in Wahrheit sein kann. Eine halbe Stunde später rückt das Eiland in
Griffnähe. Der Berg kratzt an den Wolken. Rasselnd senkt sich die Laderampe
der Fähre, öffnet sich wie der Rachen eines Wals und knirscht auf dem Beton
des Landestegs. Eine zusammengewürfelte Schar von Insulanern und Touristen
überflutet den Pontile, auf dem Ape und Elektromobile bereitstehen. Daneben
dehnt sich ein kohleschwarzer Strand aus mit einem Mosaik von Fischerboo-
ten. Vereinzelt fallen Sonnenstrahlen aus einer Wolkenlücke und färben die Insel rosarot: Kirche, Häuser und die Rauchfahne des Vulkans.

So sah der italie-
nische Forscher
Ravioli 1832 die
Vulkaninsel.

Seit das vergriffene Buch «Stromboli, Vulkan Insel Symbol» 1998 erschienen
war, hat sich einiges ereignet: Der touristische Aufschwung der Neunziger-
jahre überdauerte die Jahrtausendwende und führte zu einer eindrücklichen
demografischen Entwicklung, obwohl der Vulkan 2002/03 und 2007 weit
heftiger als üblich ausbrach und die Einheimischen, aber auch eine breite
Öffentlichkeit aufschreckte. Eine Station zur Überwachung der vulkanischen
Tätigkeit, die während 24 Stunden mit Geologen und Zivilschützern besetzt ist,
wurde eingerichtet, der Berg mit Messinstrumenten bespickt. Tröstlich wirken
dagegen die Ausgrabungen von Archäologen, die eine Siedlung aus der Bronzezeit freilegen. Ebenso die erdwissenschaftliche Literatur, welche die Folgen
großer Eruptionen des Stromboli relativiert. Doch eine prickelnde Ungewiss-
heit bleibt. Eine der ersten Fragen an die Einheimischen ist stets: «Was tut
der Vulkan?» Auf dem Bauch eines aktiven Feuerbergs zu leben lehrt einerseits
Bescheidenheit und beflügelt andererseits die Fantasie.

Touristen auf dem Fährschiff bei der Anfahrt auf Stromboli.

Ankunft auf dem Landesteg der Insel im frühen Morgenlicht.

Aus der Sicht eines Autorenpaars, das seit 55 Jahren mit der Insel und dem Schicksal seiner Bevölkerung vertraut ist, haben wir Altes in Streiflichtern beleuchtet, Neues in Einzelheiten festgehalten und fotografisch dokumentiert. Beim Stöbern in den Bibliotheken der Zürcher ETH kamen kaum bekannte historische Schriften und Stiche zum Vorschein, verstaubte Perlen. Auch die Resultate erdgeschichtlicher Recherchen möchten wir mit Ihnen, liebe Leserinnen und Leser, teilen. Die Vulkaninsel strahlt eine geheimnisvolle Faszination aus.

Das Buch ist systematisch aufgebaut und passt so in die «Bergreihe» des AS Verlags, dem wir für die langjährige Verbundenheit danken. Wir widmen den Band den Strombolanern, die sich Äolianer und nicht etwa Sizilianer nennen, und allen «Tifosi dell'Isola». Mit ihnen fühlen wir uns herzlich verbunden.

Alfred und Verena Bollinger,
Stäfa und Stromboli, März 2012

www.as-verlag.ch

© AS Verlag & Buchkonzept AG, Zürich 2012
Gestaltung: Urs Bolz, Heinz von Arx,
www.vonarxgrafik.ch, Zürich
Lektorat: Pablo Egger, www.lektorat-egger.ch
Farblithos: Litho Atelier Thalmann GmbH, Wollerau
Korrektorat: Adrian von Moos, Zürich
Druck: B&K Offsetdruck GmbH, Ottersweier
Einband: Josef Spinner Großbuchbinderei GmbH, Ottersweier
ISBN 978-3-909111-93-0

Inhalt

«An einem friedlichen Sommernachmittag erwartete
der Geistliche im Kirchlein von Ginostra unter
dem drohenden Vulkan sein Völklein zum Segen.
Oh wie tief drangen seine Worte in mein Herz,
und wäre ich nicht beim Hinausgehen durch die Sakristei
auf eine Totenbahre gestoßen, so hätte ich mich unter
diesen guten, vom wahren Glauben beseelten Menschen
schon im Himmelreich gewähnt.»

Erzherzog Ludwig Salvator von Österreich

INSEL UND LEUTE

VULKAN – VULKANINSEL – SEAMOUNT

Der südliche Mittelmeerraum ist reich an Feuerbergen. Berühmt und berüchtigt ist der Vesuv, der die antiken Städte Pompeji und Herculaneum 79 n. Chr. unter Asche begraben hat. Er ruht seit dem Ende des Zweiten Weltkriegs. Doch für wie lange? Unheimlich ist auch die Region der Phlegräischen Felder nördlich von Neapel, wo der Monte Nuovo letztmals 1538 ausgebrochen ist. Die Abhänge beider Vulkane sind heute dicht besiedelt.

Ein geradezu apokalyptischer Ausbruch des Santorin auf der griechischen Kykladeninsel gleichen Namens ereignete sich in prähistorischer Zeit. Gewaltige Kräfte katapultierten den Riesenleib des Vulkans in die Luft. Übrig blieb eine Caldera, die einen mächtigen Halbkreis bildet und eine Lagune umrahmt, in der nun die Kreuzfahrtschiffe ankern. Von der Frühkultur der Minoer zeugen noch Ruinen und wundervolle Fresken, die unter einer dicken Schicht von Auswurfmaterial entdeckt wurden.

Auf einer Diagonale zwischen Vesuv und Ätna liegen bogenförmig angeordnet die sieben Äolischen oder Liparischen Inseln: die Hauptinsel Lipari, ferner Vulcano, Salina, Filicudi, Alicudi, Panarea und Stromboli. Alle sind vulkanischen Ursprungs. Bis heute aktiv blieben Vulcano und Stromboli. Ersterem verdanken die Vulkane weltweit ihren Namen. Dort oder auf dem Ätna soll laut griechischer Sagen Hephaistos, der hinkende Gott des Feuers und der Schmiedekunst, die Rüstung des Achill gefertigt haben. Seit dem Mittelalter pflegte der Fossa-Krater von Vulcano in Intervallen von etwa hundert Jahren auszubrechen, letztmals 1888–1890, als die Schwefelarbeiter vor dem Schlackenwurf flüchten mussten. Zu Recht, denn am 15. März 1890 regnete es tonnenschwere Bomben, zum Teil in Brotkrustenform und bis zu 5 m Durchmesser. Niemand weiß, wann die Fossa wieder erwachen wird. Heute dampfen auf den Rändern ihres Kraters Fumarolen, die bizarre Gebilde aus gelben Schwefel-Inkrustationen ablagern. Kranke Menschen, die Linderung von ihren rheumatischen Beschwerden suchen, suhlen sich im warmen Fangotümpel am Fuß des Vulkans. Aus hygienischen Gründen ist davon aber eher abzuraten.

Im Jahr 1997 erklärte die UNESCO den Äolischen Archipel zum Weltnaturerbe.

Sowohl Süditalien als auch Griechenland liegen im Bereich einer *Subduktionszone*. Die schwerere afrikanische Kontinentalplatte schiebt sich unter die leichtere eurasische. Dabei freigesetzte Kräfte lösen verheerende Erdbeben

Ein Vulkan steht fest auf dem Land; die Vulkaninsel erhebt sich vom Meeresboden; der Seamount wächst im Verborgenen der Oberfläche entgegen (künstlerisch dargestellt von Paola Saffioti).

15

Auf einem huf-
eisenförmigen
Vulkansektor, als
Sciara del Fuoco
oder Feuerstraße
bezeichnet, fließt
gelegentlich Lava
und kollern täglich
ausgeworfene, halb
erstarrte Brocken
meerwärts. Es fehlt
jede Vegetation.
Oben spuckt ein
Krater Feuer.

Sonst grünt rings
um den Vulkan ein
Gürtel aus Busch-
wald, im Frühjahr
mit gelb blühendem
Ginster geschmückt.

aus. 1693 wurden Catania, 1783 und 1908 Messina weitgehend zerstört. Aufgrund der tektonischen Vorgänge entstehen Risse in der Erdkruste. Durch diese steigt Magma aus dem Erdinneren unter hohem Druck empor und tritt als
Lava zutage. Auf den erstarrten Lavaschichten sammelt sich zwischenzeitlich
lockeres Material, das in rein eruptiven Phasen aus den Kratern geschleudert
wird. Strato- oder Schichtvulkane werden aufgebaut. Die harten Schichten
entsprechen den Lavaströmen, die weichen dem Auswurfmaterial. Die Lava
der süditalienischen Schichtvulkane ist zäh und klebrig, was zur Bildung
steiler Bergflanken führt. Wo hingegen dünnflüssige Lava an die Oberfläche
dringt, nehmen die Vulkane flache Schildform an, wie beispielsweise auf
Hawaiis Big Island.

Wie es Paola Saffioti in ihrem Bild künstlerisch dargestellt hat, gibt es in
Süditalien Vulkane, die dem Land aufsitzen, aber auch Vulkaninseln und Seamounts. Zur ersten Kategorie zählt der *Ätna*, der alle paar Jahre ausbricht,
Feuerfontänen spuckt und glühende Lavaströme entsendet. 1669 hatten diese
sogar die Stadtmauern von Catania überwunden, sodass sich der Feuerbrei
durch die Gassen wälzte. Der Ätna thront auf dem Landsockel von Sizilien.
Seine Gipfelkrater liegen auf rund 3200 m ü.M. Im Winter sind die höheren
Regionen tief verschneit und locken Skisportler an – wenn nicht Lavaströme
die Pisten überschwemmen und Liftmasten knicken, wie dies 1983 geschah.
Auf den unteren Berghängen gedeihen Südfrüchte und Reben, von den Ascheregen des Vulkans natürlich gedüngt. Orangen und Pfirsiche aus Zafferana
oder Paternò werden besonders geschätzt. Auch der Wein, der bis auf über
1000 m ü.M. reift, duftet köstlich.

Misst man seine Gipfelhöhe ab Meeresgrund, so ist der *Stromboli* an-
nähernd gleich hoch wie der Ätna. Im Norden ruht die *Vulkaninsel* auf einer
Basis von 2200 m unter dem Seespiegel. Aufgrund von Berechnungen der Vulkanologen liegt nur $1/25$ der gesamten Bergmasse im sichtbaren Bereich. Weil jedoch die Punta Vancori mit 924 m gut 2000 m niedriger ist als der Gipfel des
Ätna, trägt sie im Winter höchst selten eine Schneemütze. Wegen der Tätigkeit
des Vulkans und nicht aus klimatischen Gründen endet die Vegetation auf
ungefähr 700 m ü.M. Die Grenze zwischen überwachsener und kahler Zone
verläuft rund um die Insel. Allein im Nordwesten wird der Grüngürtel durch
die Sciara del Fuoco, die Feuerrutsche, unterbrochen. Sie bildet einen huf-
eisenförmigen Sektor ohne jegliche Vegetation. In Intervallen von durchschnittlich zehn Jahren fließt dort Lava in die See. Täglich kollern und springen aber ausgeworfene, halb erstarrte Lavaklumpen über den kahlen Steilhang
und verhindern so den Wuchs von Buschwerk oder Pfahlrohr.

Im Gegensatz zum Ätna liegen die bewohnbaren und kultivierbaren
Hänge im obersten Drittel des Gesamtvulkans und damit entscheidend näher
an der öden, rein kristallinen Zone. Die Terrassen, die von den alten Strombolanern bis auf 450–500 m Höhe angelegt und noch zu Beginn des 20. Jahr-

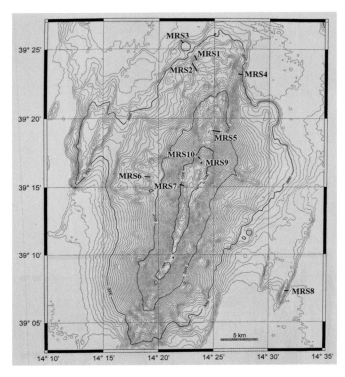

Tiefenlinien des Seamounts Marsili, dessen Basis auf -3500 m liegt. Der verborgene Vulkan kulminiert 500 m unter dem Meeresspiegel und ist weiterhin aktiv.

hunderts mit Reben, Oliven und Kapern bepflanzt wurden – sie erinnern an diejenigen der Inka in Perú –, sind heute nur noch in Spuren zu erkennen. Längst hat der Buschwald, Macchia genannt, die Stützmauern überwuchert. Dazwischen ragen einige kümmerliche Oliven- und Feigenbäume hervor, Mahnmale des einstigen Überlebenskampfs der Strombolaner.

Das Entstehen einer neuen Vulkaninsel ist und bleibt ein Ereignis. 1963 tauchte der Surtsey prustend und spuckend vor Island auf. Geografisch näher, zwischen Sizilien und Nordafrika, stieg im Juni 1831, wie ein zeitgenössischer Stich dokumentiert, die Insel Fernanda aus den Fluten (s. S. 84). Sie erreichte eine Höhe von 60 m, verschwand aber bereits im folgenden Jahr durch Erosion aufgrund des Wellengangs. Seither liegt ihr Gipfel wenige Meter unter dem Meeresspiegel. Das Beispiel aus dem Äolischen Archipel: Gemäß antiken Quellen erblickte 183 v.Chr. der Vulcanello zwischen Lipari und Vulcano das Tageslicht. Im 16. Jahrhundert war er noch so aktiv, dass er durch eine Landbrücke mit der Insel Vulcano verschmolz.

Nordwestlich von Stromboli existiert ein weiterer aktiver Vulkan, der von der Basis bis zur Spitze gemessen den Dimensionen von Ätna und Stromboli gleicht: der *Marsili*. Seine submarine Lokalisation und seine Form wurden anhand bathymetrisch gewonnener Daten ermittelt. Bei der Bathymetrie handelt es sich um Messungen der Meerestiefe durch Echolotverfahren und neuerdings durch Radarsatelliten. Mit Letzteren lässt sich die Lage der Meeresoberfläche genau bestimmen. Über Untiefen liegt der Wasserspiegel um einige Zentimeter höher als über Gräben. Aus den gewonnenen Daten lassen sich erstaunlich exakte Meerestiefen ableiten. Der Marsili wächst aus dem 3500 m tiefen, nach ihm benannten Graben und kulminiert etwa 500 m unterhalb des Meeresspiegels. Er bildet einen langgestreckten Rücken auf der Nordsüd-Achse. Seine Krater liegen in der Gipfelregion und an den Flanken. Wie aus Analysen von Proben des Eruptivgesteins hervorgeht, die an genau vermessenen Orten mit raffinierter Technik herausgefischt worden sind, fördert er häufig Lava. Über das Eruptionsverhalten des Marsili ist allerdings bisher wenig bekannt. Eine ältere Strombolanerin vertraute uns an: «Vor Iddu (Stromboli) fürchte ich mich

nicht, wohl aber vor diesem Marsili.» Ihre Angst ist nicht ganz unbegründet. Gerüchte zirkulieren, wonach früher oder später der versteckte Koloss eine Flutwelle auslösen könnte.

Seamounts nennen die Geologen die im Schoß der See verborgenen Vulkane. Sie sind rund zehnmal häufiger als Land- und Inselvulkane. Im Nordosten von Stromboli setzt sich der äolische Vulkanbogen mit den *Lametini*-Seamounts fort, im Westen Alicudis mit der als *Sisifo* bezeichneten Bergkette. Der Pazifik ist nicht nur von einem Kranz von Feuerbergen umgeben, sondern birgt auch Myriaden von Seamounts.

Die Mauern der bis auf über 500 m ü.M. errichteten Terrassen, auf denen die Einheimischen noch zu Beginn des 20. Jh. Olivenbäume, Kapernsträucher und Gemüse anpflanzten, sind andeutungsweise erkennbar geblieben.

Erde, Wasser, Luft und Feuer

«Es fiel mir auf, wie sehr Hans Falk die Orte sucht, wo das Elementare sichtbar wird», sagte der Dramatiker Friedrich Dürrenmatt einst über den Künstler, der in den 60er-Jahren Atelier und Wohnhaus in einer alten Häusergruppe von Piscità eingerichtet hatte, nahe der Gischt an den Lavaklippen. Er malte, wie von Dämonen besessen, vielfach im Licht von Petroleumlampen.

Mario betreut das Bad des Hotels Ossidiana mit 40-grädigem Thermalwasser.

Erde

Auf den ersten Blick könnte man glauben, auf Stromboli gebe es kaum Erde. Das Ufer säumen Sand, Steine und Lavaklippen, die dem Ansturm der Wellen trotzen. Aber man lasse sich nicht täuschen. Das offene Gelände zwischen San Vincenzo und San Bartolo war bis zum Ersten oder sogar bis zum Zweiten Weltkrieg mit Reben bepflanzt, ebenso die schon erwähnten Terrassen, die treppenförmig übereinander an den Hängen angelegt wurden und nun von der Macchia überwachsen sind. Heute kann man sich kaum mehr vorstellen, wie die Bauern so hoch oben Oliven, Kapern und Trauben pflegen und ernten konnten. Auf Menschen- oder Eselsrücken wurden diese zu Tal getragen. Für die Düngung sorgte die fast täglich niederfallende Vulkanasche.

Im 21. Jahrhundert geben zaghafte Versuche der Landwirtschaft neuen Auftrieb. Es gibt wieder Gemüsegärten und einzelne Rebkulturen, die vor zwanzig Jahren beinahe vollständig verschwunden waren. Sogar Malvasia wird auf Stromboli gekeltert. Wer eine Originalflasche des vorzüglichen Dessertweins auftreibt, kann sich glücklich schätzen.

Wenn der Herbstregen einsetzt, wachsen die ersten Pilze. Zwar sind hier die Steinpilze weniger schmackhaft als jene in den Wäldern Zentraleuropas, werden aber von den Einheimischen eifrig gesammelt. Sogar Trüffel kommen vor, sowohl in Gärten als auch im Macchia-Gürtel. Kugelig, schneeweiß und herrlich duftend würzen sie eine Platte Fettuccine vortrefflich.

Wasser

Vom Gipfel des Vulkans aus kann man, anstatt die Normalroute zu wählen, über die Rina ranni, einen Fächer aus Aschefeldern, hinunterfahren wie über Schneehalden in den Alpen. Die Felsüberhänge, die den Weg zum Meer versperren, werden am Südrand von einem steilen Kamin durchfurcht. Bergtüchtige erreichen darin stemmend die oberen Aschefelder der Forgia Vecchia. Dort, wo der endemische Geißklee (Cytisus aeolicus) blüht, ein ginsterähnli-

21

Ein Strombolaner mit Dornenkrone, der laut Erzherzog Ludwig Salvator (Ende des 19. Jh.) an einer Prozession um Regen bittet.

Rechts das über 90 Jahre alte Ehepaar Stefano und Antonietta Cincotta. Die beiden trinken nur ihr natürliches Regenwasser aus der Zisterne.

cher Strauch, und wo früher aus einer Nische köstliches Süßwasser getropft hat. Vermutlich im 19. Jahrhundert versiegte diese einzige Quelle der Insel. Sie wurde «a Schicciula» genannt und war ergiebig genug, um die Krüge der Frauen mit Wasser zu füllen. Gedankenverloren lässt sich von dort weiter auf stiebenden Sohlen bergab rutschen, in butterweicher Asche den Pfahlrohrinseln ausweichen und ans Meer gelangen, wo ein kühles Bad Körper und Seele erquickt.

Im Hochsommer ankert das Wasserschiff fast täglich vor Ficogrande. Über einen dicken Schlauch – Nabelschnur haben wir ihn getauft – wird der Tankinhalt in ein Reservoir gepumpt, das die einzelnen Hauszisternen speist. Es kommt einem Wunder gleich, dass die Wasserversorgung meist reibungslos klappt. Bis nach Ende des Zweiten Weltkriegs waren die Strombolaner allein auf Regenwasser angewiesen, das in der kühlen Jahreszeit auf den Flachdächern gesammelt und in die im Boden versenkten Zisternen geleitet wurde. Mehr stand ihnen während der trockenen Sommermonate nicht zur Verfügung. Nicht von ungefähr ist im Buch des österreichischen Erzherzogs Ludwig Salvator ein Fischer abgebildet, der mit Dornenkrone auf der blutenden Stirn um Regen fleht. Und nicht daran zu denken ist, welche Wassermengen die Duschen und Waschmaschinen heute verbrauchen.

Der bogenförmige Strand der Forgia Vecchia und der Dorfteil Scari sind durch einen Pfad verbunden, der eine Felsbarriere überquert. Dort blühen im Frühling Ginster und violetter Goldlack, dort trafen wir Stefano Cincotta. Sein Gesicht ist gefurcht wie die erstarrten Lavaströme an den Vulkanflanken, sein Schnauz struppig. Vage schweifte sein Blick zum Horizont. Er stützte sich auf einen Krummstock. «In diesem Frühjahr hat es häufig geregnet. Im Gestrüpp hinten am Strand plätschert ein Brunnen», sagte er, ohne unsere zweifelnden Mienen zu beachten. Mit sonorem Bass, halb gesungen und mit Pathos in der

rauen Stimme, rezitierte er stolz sein Gedicht «Baci del Fuoco». Darauf sagte er: «Ich habe die Quelle Raffaele gewidmet. Kurz vor seinem Tod hat er mir letzte Geheimnisse verraten.» Stefano versprach, uns die Quelle zu zeigen. Zur vereinbarten Stunde standen wir allein am Strand.

Nur Tage später durften wir dafür aus der Quelle seiner Geschichten schöpfen. Er und Frau Antonietta, beide weit über achtzig, trinken ausschließlich Regenwasser aus der Zisterne. Warum er es dem Wasser aus dem Tankschiff vorzieht, erklärt Stefano so: «Blitze reinigen die aus den Wolken purzelnden Tropfen, bevor sie auf die Erde fallen.» Zähne hat das Ehepaar keine mehr. Stefano meinte: «Anstatt ein Gebiss zu tragen, das nie passt oder kaputt ist, kauen wir einfach doppelt so lange wie früher. Auf den ‹Pilgern› halt. So genießt man die Pasta besonders intensiv.»

Seit er Hacke und Fischerrute beiseitegelegt hat, findet Stefano die Muße, um das Haus seiner Großmutter aus dem Gedächtnis zu malen. Es ist das Urbild eines strombolanischen Hauses und besteht aus einer viereckigen Zelle mit angebauter Pergola, beschattet durch ein lockeres Canna-Dach. Daneben sind Adam und Eva vor dem Sündenfall zu sehen. Er hat auch ein Schiffsmodell gezimmert und unter Mithilfe von schreibtüchtigen Enkeln ein Büchlein über die Geschicke der Vulkaninsel verfasst. Abends lauscht er auf der Bank dem Donnern und Rumpeln des Vulkans und schaut zum Sternenzelt empor.

Heute bringen Wasserschiffe regelmäßig Süsswasser vom Festland.

Der Komet Hale
Bopp verfehlte im
März 1997 die Erde
nur knapp. Dank
fehlendem Licht-
müll gelang es
dem Astronomen
und Vulkanologen
Marco Fulle auf
Stromboli, den
Schweifstern be-
sonders eindrück-
lich auf Film zu
bannen.

Bei ungewöhnlich
reiner Atmosphäre,
etwa nach Regen-
güssen, wird die
Küste von Kalabrien
sichtbar. Der Leucht-
turm auf dem Strom-
bolicchio blinkt.

In seinem Büchlein hat er mit Stolz vermerkt: «Sono Strombolano. Non solo perchè su questo vulcano ci sono nato, vissuto ed invecchiato, perché Lo sento mio, così come io appartengo a Lui.» Zu Deutsch: «Ich bin Strombolaner. Nicht nur, weil ich auf diesem Vulkan geboren wurde und gelebt habe, alt geworden bin, sondern weil ich Ihn als mein empfinde, so wie ich Ihm gehöre.» Im Zweiten Weltkrieg wurde Stefano zweimal zum Militärdienst eingezogen, zuerst durch Mussolini und dann durch die Alliierten, die sich unter General Montgomery den italienischen Stiefel emporkämpften. Anstatt am Brenner auf deutsche Soldaten zu schießen, desertierte er zusammen mit Peppino, seinem Kameraden aus Stromboli. Während Peppino in Ancona ein halbes Jahr bei einer Geliebten hängen blieb, kehrte Stefano schnurstracks nach Stromboli zurück und vermählte sich mit Antonietta. Peppinos Schwiegervater in spe indessen schwor, am Verlobten seiner Tochter Rache zu üben, sollte er sich je zurück auf die Insel wagen. Doch als Peppino reumütig wieder auftauchte, Maria heiratete und sein inzwischen geborenes Töchterchen anerkannte, geschah nicht viel. Dem Paar wurden neun weitere Kinder geschenkt, die teils nach Australien ausgewandert sind, teils das Inselleben von heute tatkräftig mitgestalten.

In den unterirdischen Kammern von Scari wurde Thermalwasser entdeckt. Woher es stammt, ist rätselhaft. Eingeweihte wussten seit Jahrzehnten davon, doch erst seit Kurzem wird es angezapft. Wer ein Schwefelbad nehmen möchte, melde sich im Hotel Ossidiana. Nach erteilter Bewilligung wird Mario Cusolito, der Kunstmaler und Schiffsanbinder in Pension, ein Rundbecken mit über 40 °C warmem, schwefelhaltigem Wasser füllen. Auch die Vulkanologen haben den Wert der Thermen erkannt. Sie kontrollieren regelmäßig Wassertemperatur und CO_2-Gehalt, die vor großen Eruptionen anzusteigen pflegen.

Was man nach monatelanger Trockenheit kaum glauben mag: Bei einem ergiebigen Platzregen füllen sich urplötzlich die Bachbetten. Die Straßen verwandeln sich zu reißenden Bächen. Im Herbst 2005 endete ein korrekt parkiertes Ape in einer kleinen Schlucht. Wasser ist und bleibt ein gewichtiges Thema.

LUFT

Novembernacht bei Leermond. Eine Kaltfront hat die Insel überquert und mit reichlich Regen gewaschen. Die Luft ist rein und klar. Fünfzig Kilometer entfernt blinken im Osten die Lichter Kalabriens und des Städtchens Tropea, die sonst meist im Dunst verdämmern. Der Leuchtturm auf Capo Vaticano grüßt den Faro des Strombolicchio. Im Süden winken die Lichter Siziliens. In den engen Gassen herrscht Finsternis. Über Berg und Meer wölbt sich der Himmel in tiefem Schwarzblau, weitet sich ins Unendliche. Er ist von Myriaden von Sternen übersät, hüllt uns gleichsam in den sternenbestickten Mantel der Jungfrau Maria, die ihre Gläubigen beschützt. Milchstraße und Orionnebel funkeln, der Polarstern scheint zum Greifen nah. Sternschnuppen fallen am Horizont und wecken Zukunftswünsche.

Seit Menschengedenken haben uns Kometen in Schrecken versetzt. Im März 1997 verfehlte der Hale-Bopp die Erde nur knapp. Bei vielen löste sein Vorbeisausen Panik aus, übertraf doch seine Strahlkraft diejenige der meisten Kometen. Dank der blitzblanken Atmosphäre war Stromboli ein idealer Standort, um den Himmelskörper und dessen beide Schweife, den blauen Gas- und den gelben Staubschweif, genau zu beobachten. Marco Fulle aus Udine, Astronom und Vulkanologe in Personalunion, bannte den Kometen erfolgreich auf Film.

Vorderhand gibts wenig Lichtmüll auf der Vulkaninsel, vor allem während der Wintermonate, wenn kaum Touristen da sind. Zwar war dank EU-Hilfe für Süditalien vorgesehen, die Gassen nicht nur zu pflastern, sondern auch zu beleuchten. Die Nischen für die Lampen wurden vorbereitet, aber leer gelassen. Die Strombolaner hatten beschlossen, die Beleuchtung nicht zu installieren. Weil das Geld aufgebraucht war oder weil sie dunkle Nächte liebten? Vor Einführung der Elektrizität am Ende der 70er-Jahre brannten in den Stuben gemütliche Kerzen oder Petroleumlampen. Einzelne Hotels behalfen sich mit Lichtmaschinen, die Strom lieferten, um sich zu rasieren oder die Haare zu föhnen. Doch sie «spuckten» gerne und versprühten Feuerwerk.

Man wird sich bewusst, wie die Lichtverschmutzung der Städte und Agglomerationen den Himmel trübt oder ganz abschirmt. Auf der Vulkaninsel verwandeln keine Scheinwerfer die Nacht zum Tag, keine Leuchtreklamen pinkeln farbige Girlanden, keine erleuchteten Fensterfronten machen die Dunkelheit milchig. Die Sterne strahlen ungetrübt hell und verleihen dem Weltall eine unermessliche Tiefe. Da Stromboli mitten im Meer liegt, fern jeder Stadt, ist das Firmament an dunstfreien Tagen beinahe so klar wie zur Bronzezeit.

Doch fehlendes Licht kann auch Ärger bereiten. Ein Paar aus Mailand, das keine Taschenlampe bei sich hatte, tappte im Dunkeln. Nach dem Abendessen in einer Wirtschaft verirrten sich die beiden und kamen sich vor, als habe man ihnen Masken über die Augen gestülpt. Die Gassen sehen einander verteufelt ähnlich. Am nächsten Morgen verdufteten sie fluchtartig. Nur der Vollmond hätte sie wohl von der überstürzten Abreise abhalten können.

Wenn der Mond die Insel mit unirdischem Licht überflutet, wirken die Gassen, als müssten sie Geheimnisse verstecken. Der Berg, der sich über die Häuser zu neigen scheint, verliert sein düsteres Schwarz, ist wie verzaubert – was Hannelene Limpach zum Büchlein «La luce della luna a Stromboli» oder «Mondgesichte» verleitet hat. Sie schreibt: «In der Stille der Mondnacht kann ich die leere Szene bevölkern, wie es mir gerade in den Sinn kommt. Mir alle Verlockungen des Lebens vorstellen, die hinter dem Zaun auf mich warten.»

FEUER

Es gibt einen weiteren Vulkan, der ähnlich wie der Stromboli regelmäßig Feuergarben speit: der Yasur auf der Insel Tanna, die zum Pazifikstaat Vanuatu gehört. Seine Rauchwolken entdeckte 1775 der englische Seefahrer und Aben-

teurer James Cook. Nähere Erkundungen waren ihm damals nicht möglich, da er in ein Scharmützel mit Südseeinsulanern geriet. In der Moderne ist der Yasur nicht nur für Forscher, sondern auch für Touristen zugänglich. Die anderen aktiven Vulkane üben, wenn überhaupt, nur sporadisch eine strombolianische Tätigkeit aus. Darunter versteht man in mehr oder weniger regelmäßigen Intervallen auftretende Eruptionen über Jahre bis Jahrhunderte. Näheres darüber folgt.

Feuer spielt auch in den Dörfern eine wichtige Rolle. Noch immer werden Äste und Gartenabfälle verbrannt. Das ist während der Hochsaison zwar verboten, im Winter und in der Zwischenzeit aber an der Tagesordnung. Dabei kann es vorkommen, dass ein Feuer außer Kontrolle gerät und sich bei Wind bis zum Macchia-Gürtel ausbreitet. Feuerschlangen kriechen dann an den Bergflanken empor, der Berg brennt wie nach einem bösen Bombenhagel des Vulkans. Wenn ein Brand gar die Dörfer bedroht, läuten die Feuerglocken. Die Folgen der Buschbrände sind oft eindrücklich. Doch die Macchia hat eine unerhörte Regenerationspotenz. Nach wenigen Jahren sieht man keine Spur der verkohlten Fläche mehr.

Das Feuerfestival von August Schuldes reiht sich nahtlos in die feurigen Szenarien der Feuerinsel ein (s. S. 136).

Folgen eines Macchia-Brandes. Mitten im verkohlten Sektor steht unversehrt das vulkanologische Observatorium der Universität Florenz.

Die Dörfer Stromboli und Ginostra

Die Vulkaninsel umfasst 12,6 km². Vor ihrer Ostküste bewacht der *Strombolicchio* als Wahrzeichen das Dorf *Stromboli*. Er besteht aus einem riesigen Basaltklotz mit senkrechten Wänden, geologisch gesehen aus der harten Schlotfüllung bzw. dem Magmakern eines rundum verwitterten Vulkans. Mit seinen 300 000 Jahren ist er wesentlich älter als das Hauptmassiv des Stromboli. Seit 1926 steht ein Leuchtturm auf dem Felsen. Er blinkt im Dreierrhythmus und weist gemeinsam mit den Lichtern von Kalabrien zur Meerenge von Messina. Um die zum Bau benötigte Plattform zu schaffen, wurde die Spitze des Strombolicchio abgetragen. Anstatt der ursprünglichen 56 m ist er nur noch 49 m hoch. In den ersten Jahren hauste ein Wächter auf dem Felsen. Wenn es der Seegang erlaubte, versorgten die Fischer ihn alle zwei Tage mit frischen Lebensmitteln, so lange, bis das Warnlicht automatisiert wurde. Noch aber sonnt sich die schwarze äolische Mauereidechse (Podarcis raffonei) auf dem Riff. Das vom Aussterben bedrohte Reptil kommt sonst lediglich auf der Canna von Filicudi vor. Und das Gänsefußgewächs Bassia saxicola, das auf einer Klippe vor Ischia entdeckt worden ist, gedeiht auch auf dem Strombolicchio.

Strombolicchio. Das Riff aus Basalt entspricht einem erstarrten, rundum abgewitterten Vulkankern.

Die beiden Siedlungen der Hauptinsel, die Dörfer *Stromboli* auf der Ostseite und *Ginostra* auf der Westseite, waren einst durch einen meernahen Pfad miteinander verbunden. Auf alten Karten ist er noch immer eingezeichnet, seit Jahrzehnten aber nicht mehr begehbar. Sogar die Strombolaner des 19. Jahrhunderts nannten zwei Stellen «malu passu», schlechte Passage. Der Weg führte zur Südspitze der Insel, der Punta Lena, deren fünf teilrenovierte Häuschen heute nur mit privaten Booten zu erreichen sind. Auf der restlichen Strecke bis Ginostra fallen die oft von Steinschlag bestrichenen Berghänge steil ins Wasser. Von einem Versuch, dort durchzukommen, ist abzuraten, ebenso von der Idee, den Vulkan über die Gipfelregion zu queren. Der Steilabstieg nach Ginostra ist von Rollgestein übersät, das auch geübten Wanderern Mühe bereitet.

Das weitaus größere und belebtere Dorf *Stromboli* hat zwei Zentren, die nach den Dorfheiligen San Vincenzo und San Bartolo benannt sind. San Vincenzo mit der erhöhten Kirchenterrasse und der Bar Ingrid wird im Hochsommer von Touristen überschwemmt. Im Winter rattern mit Zementsäcken beladene Ape durch die engen Gassen und zwingen die Passanten, sich an die Hausmauern zu drücken. Im südlichsten Teil des Dorfes, in Scari, landen Fähre und Tragflügelboote, ziehen Fischer ihre farbigen Barken auf den schwarzen

Die Canna, Bruder-
riff des Strombo-
licchio vor der West-
küste der äolischen
Insel Filicudi, im
Hintergrund die
Insel Alicudi.

Gesamtdorf Strom-
boli: Vorne San
Bartolo und Piscità,
am linken Bildrand
Ficogrande (vor
Anker ein Wasser-
schiff) und Punta
Lena, im Hinter-
grund San Vincenzo
und Scari mit dem
Landesteg.

San Vincenzo mit
Kirche und Platz
(unten).

Die Canna von Filicudi

Wie von Zyklopenhand hingeworfen, ragen zwischen den Inseln Filicudi und Alicudi Basaltklippen aus dem Meer. Am meisten beeindruckt der Obelisk der Canna, 71 m hoch und zigarrenschlank. Seine Spitze krönt eine Madonna aus Bronze, die Extremkletterer mit ihrem rätselhaften Lächeln bezirzt. Das Riff wurde 1973 durch fünf Bergführer aus Macugnaga erstbestiegen. Als sie in der senkrechten Wand unterwegs waren, huschten zwei schwarze Eidechsen über ihren Körper. Wie die auf den Galapagosinseln heimische Tierwelt, die Charles Darwin zu seiner Evolutionstheorie inspiriert hatte, zeigten sie keine Furcht vor den Menschen. Respekt hatten sie hingegen vor den auf dem Riff nistenden Königsfalken (Falco eleonorae). Diese seltenen Zugvögel überwintern in Madagaskar. Während der Brutzeit im Hochsommer betreiben sie eine Art Kollektivjagd, indem sie in mehreren Paaren Schwärme von Kleinvögeln einkreisen. Neben der Canna findet man sie auf den Felsriffen vor Lipari und Panarea.

Die Canna ist die stolze Schwester des Strombolicchio. Ihr Magmakern, ebenso ein Relikt der frühen Erdgeschichte, widerstand dem Wellengang bis heute. Einmal, so wird erzählt, warf ein Sturm die Madonna von ihrem luftigen Sockel. Taucher fischten sie aus dem Meer und übergaben sie einer Seilschaft, die sie wieder auf die Spitze hisste.

Enge Gasse in Piscità mit Bougainvillea auf dem Canna-Dach der Veranda.

Rechts Dorfteil Scari mit dem Landesteg. Hier legen die Kursschiffe an.

Piscità in einer Aufnahme vom Frühling 1972. Damals gab es noch viele Ruinen. Am Hang blühte gelber Riesenfenchel (unten).

Elektroauto der Polizei auf dem Platz von San Vincenzo, dahinter beflaggt die Bar Ingrid.

In Ginostra ist der Transport mit Eseln wie eh und je notwendig.

Sandstrand. Bootsvermieter preisen ihre Dienste an, Händler aus Sizilien Früchte, Gemüse und allerlei Krimskrams. Einen Espresso schlürfend dem Treiben zuzuschauen kann durchaus amüsant sein, etwa wenn zwei perfekt blondierte Damen aus Klagenfurt in hochhackigen Schuhen versuchen, auf dem Kopfsteinpflaster ihr Gleichgewicht zu wahren. Trifft ein Ausflugsschiff aus Lipari oder Tropea ein, überflutet eine schier endlose Menschenmenge den Landesteg und verstopft die Gasse zwischen Hafen und Kirchplatz. Denn hier in der Via Roma wird eingekauft, werden neue Läden und Boutiquen eröffnet, hier befinden sich die Post und ein Automat, um – falls er wirklich funktioniert – mit Kreditkarten Geld beziehen zu können. Eine Bank sucht man auf der Insel vergeblich.

In San Bartolo musste die Kirche wegen Einsturzgefahr geschlossen werden. Eine Petition mit unzähligen Unterschriften verlangte vom Vatikan die dringende Renovation. 2011 war es endlich so weit, dass Gottesdienste und Hochzeiten risikolos wieder möglich wurden. Zum Dorfteil gehört der Weiler Piscità. Seine typischen weißen Häuserkuben sitzen auf den schwarzen Lavaklippen, die im Abendlicht rot aufschimmern und schroff gezackt ins Meer abfallen. Darin eingestreut liegen Buchten mit idealen Badeständen. Gegen Westen schließt die Spiaggia lunga an, der lange Strand, der bei Scirocco-Stürmen als Notlandestelle für Barken dient. Vom Dorfende aus schlängelt sich die Mulattiera, ein Saumpfad aus der Zeit nach dem Zweiten Weltkrieg, zum Mekka der Inselbesucher empor, zur Pizzeria beim Osservatorio Labronzo. Sie ist bequem in einer halben Stunde zu erreichen. Vor Kurzem musste die Terrasse mit den Gästetischen im Freien bergwärts neu erstellt werden (s. S. 131), da

die früher benutzte Plattform direkt über einem Steilabsatz liegt und abzubrechen drohte. Von hier aus lässt sich bei kühlem Bier und köstlicher Pizza das feurige Schauspiel der Vulkanausbrüche beobachten.

Zwei Verkehrsadern verknüpfen die Dorfteile San Vincenzo und San Bartolo. Beide beginnen beim Landesteg von Scari. Die Strada Alta, die obere Straße, heißt zuerst Via Roma und endet auf der erhöhten Aussichtsterrasse vor der Kirche von San Vincenzo. In etwa 20 Fußminuten führt die Alta als Via Vittorio Emanuele weiter nach San Bartolo. Am Weg liegen Schule und die Buchhandlung, die stets einen Besuch wert ist. Bald nach der Kirche des heiligen Bartholomäus vereinigt sich das Sträßlein mit der unteren Straße oder Strada Bassa. Vom Landesteg in Scari umgeht die Bassa das Zentrum von San Vincenzo in Ufernähe. Zunächst folgt man dem einzigen echten Straßenstück auf der Insel, am thermischen Kraftwerk und an der vorläufigen Mülldeponie vorbei. Pittoresk wirds erst nach dem Knie der Punta Lena, nicht zu verwechseln mit der gleichnamigen Südspitze der Insel, sobald nämlich die elegant geschwungene Bucht von Ficogrande auftaucht. Am anderen Ende dieses Sand- und Badestrands, vor dem früher die Kursschiffe geankert haben, beginnt die eigentliche Strada Bassa. Sie verengt sich und wird zur Gasse, die sich den erstarrten Lavaströmen der Römerzeit anpasst und sich durch malerische Wohnquartiere nach Piscità zur erwähnten Gabelung schlängelt.

Ginostra ist bis heute verträumt geblieben. Es zählt nicht mehr als 40 ständige Einwohner, wird aber, wenn es Wetter und Laune des Kapitäns erlauben, regelmäßig von Kursschiffen angelaufen. Im Dorfzentrum auf einer kleinen Hangterrasse steht das Kirchlein. Dessen niedliches Glockentürmchen ist am Ende des letzten Jahrhunderts eingestürzt. Dort predigte Don Diego. Als Sohn emigrierter Äolianer in Australien aufgewachsen, wollte er mithelfen, den gottverlassenen Ort zu neuem Leben zu erwecken. Erst nach seinem Tod wurde das wackelige, längere Zeit verriegelte Kirchlein notdürftig wieder instand gestellt und am Palmsonntag 2008 neu eingeweiht.

Eine imposante Felskulisse beschirmt den wohl weltweit einmaligen Naturhafen von Ginostra, den Pertuso. Nur *ein* Ruderboot kann zwischen den zackigen Felsen hindurchschlüpfen und an Land gezogen werden. Bevor 2006 in unmittelbarer Nähe der hässliche Landesteg betriebsbereit wurde – der Vulkanausbruch von 2002/03 hatte die Geldbeutel des Staats geöffnet –, ankerten die Kursschiffe draußen im Meer. Wer in Ginostra aussteigen wollte, kletterte über die Falltreppe in eine Barke und wurde zum Pertuso gerudert, so wie drüben in Ficogrande bis in die Siebzigerjahre. Geblieben ist der bärtige Eseltreiber, der die Lebensmittel, Baumaterialien und Gepäck auf den Rücken seines oft störrischen Tiers lädt und im Zickzack zügig zum Dorf hinaufsäumt. Dieses breitet sich über einem Steilabsatz flügelförmig nach beiden Seiten aus. Motorfahrzeuge haben in Ginostra nichts zu suchen, ebenso wenig wie auf Alicudi.

Gegen Norden führt ein mit Quadern besetzter Weg über viele Stufen hinauf zum Timpone del Fuoco, einem einstigen Nebenkrater des Vulkans. Unerwartet taucht dahinter ein Solarkraftwerk auf, das nach Auskunft von Einheimischen schon bei der Installation veraltet war und nur selten Strom liefert. Trotzdem gibt es seit 2004 dank einer Dieselanlage auch in Ginostra elektrisches Licht. Nach weiteren zwanzig Minuten gelangen die Wanderer zur Punta dei Corvi und überblicken die Sciara del Fuoco von dieser Seite her. Unter dem Felsvorsprung leuchtet der Meeresgrund in Südseefarben.

Der Friedhof liegt idyllisch über dem Dorfkern. Etwas tiefer davon lässt sich südwärts an einem malerischen Bildstock vorbei zur Häusergruppe und Bucht von Lazzaro wandern, wo man sich von einem Privatboot abholen lassen kann.

Ginostra, rechts aussen der 2006 vollendete Pontile für die Kursschiffe.

Folgende Doppelseite: Kleine Boote benutzen weiterhin den Naturhafen des Pertuso, bevor er wegen der Neubauten viel von seinem Charme einbüsste.

Farbtupfer aus der Frühgeschichte

Die Geschichte der Äolischen Inseln beginnt prähistorisch. Davon zeugen die Ausgrabungen oberhalb der Kirche von San Vincenzo. Im Frühjahr und Herbst 2010 schaufelten und pinselten zwei Studentinnen emsig Mauerreste und Feuerstellen frei. Auf einem Klappstuhl am Grubenrand sitzend, notierte eine andere auf vorgedruckten Bögen, was an den nummerierten Einzelstandorten zum Vorschein kam. Denn sie fanden und finden Scherben von Keramiktöpfen, die teilweise mit Spiralen oder längsgerichteten Kerben verziert sind, wohl einst Trinkgefäße. Angeleitet wurden die jungen Leute durch erfahrene Archäologen aus verschiedenen italienischen Universitäten*. Wie uns Sara Levi, Professorin an der Universität Modena erklärte, handelt es sich bei den Mauerresten um Fundamente von ovalen Häusern aus der mittleren Bronzezeit. Sie wurden nach 1500 v.Chr. aus handbehauenen Quadern erbaut und gehören zur Kultur von Capo Graziano, so genannt nach der Siedlung auf dem Kap der Schwesterinsel Filicudi. Damit sind die Funde älter als diejenigen auf dem oft besuchten Capo Milazzese von Panarea.

Erste Ausgrabungen auf Stromboli erfolgten 1980 an identischer Stelle. Sie standen unter Leitung der Französin Madeleine Cavalier, die mit Bernabò Brea auf der Akropolis von Lipari arbeitete und am Aufbau des dortigen, höchst sehenswerten archäologischen Museums mitwirkte. Wegen der reichlichen Obsidianvorkommen spielte Lipari zur Bronzezeit eine wichtige Rolle. Das glasharte schwarze Vulkangestein diente zur Herstellung von Schneidewerkzeugen. Im südlichen Mittelmeer dominierte damals die minoische Kultur von Kreta.

Nach den Phöniziern, einem Händler- und Seefahrervolk, dessen Blütezeit von 1000 bis 600 v.Chr. dauerte, herrschte Syrakus über die Äolischen Inseln. Im kulturellen Zentrum an Siziliens Südküste wirkten der Dramatiker Aischylos und der Poet Pindar. Bevor Archimedes daselbst erstochen wurde, soll er den 212 v.Chr. eindringenden römischen Söldnern zugerufen haben: «Noli tangere circulos meos!», «Berührt meine Kreise nicht!» Noch heute muten die weiß getünchten Würfelhäuser der Dörfer auf Stromboli griechisch an. Von den Kykladeninseln her kennt man diese Kuben und Windmühlen wie den

Oberhalb der Kirche von San Vincenzo schaufeln und pinseln Studentinnen der Archäologie eine prähistorische Siedlung aus der mittleren Bronzezeit frei.

---

* Soprintendenza BB.CC.AA., Messina; Departement für Erdwissenschaften, Universität Modena und Reggio Emilia; Istituto di Studi sulle Civiltà dell'Egeo e del Vicino Oriente-CNR, Roma

«Turm der sieben Winde» in Piscità. Zeugen der griechischen Besiedlung sind auch Amphoren, die 1975 beim Bau der Straße zwischen Scari und Ficogrande entdeckt wurden. Zudem fand man kunstvoll aus Vulkangestein gemeißelte Sarkophage. Pino Paino, der einstige Notar, pflegte zu sagen: «Als die Römer den Archipel eroberten, begann die Barbarei.» Um Rom aus äolischer Sicht zu entlasten: Sie hinterließen auch positive Spuren, etwa die Ruinen einer römischen Villa auf dem heute unbewohnten Basiluzzo, der zu Panarea gehört und von Ginostra aus sichtbar ist.

Im 9. Jahrhundert eroberten Araber aus Nordafrika Sizilien und wählten im Jahr 831 Palermo zur Hauptstadt. In Lipari plünderten sie die Kathedrale, in der die Knochen des Apostels Bartholomäus als Reliquien verehrt wurden. Laut einer Sage kamen Letztere in einem Marmorsarg übers Meer geschwommen, nachdem der Märtyrer in Armenien bei lebendigem Leib gehäutet worden war. Die Reliquien warfen die Ungläubigen ins Meer. Doch sie wurden heimlich durch Christen aus dem Wasser gerettet, gelangten später auf abenteuerlichen Wegen nach Benevent und sogar nach Lyon, wo der Bartholomäus-Kult blühte. Auf Lipari verblieb lediglich ein Daumenknochen, der bis heute in einem kunstvollen Silberarm aufbewahrt wird. Da leuchtet es ein, dass auch eine der Kirchen auf Stromboli dem heiligen Bartolo geweiht ist.

Die Plünderung der Äolischen Inseln durch die Muselmanen hatte zur Folge, dass sie während 2½ Jahrhunderten fast unbewohnt blieben. Erst die Eroberung Siziliens durch die Normannen leitete eine Neubesiedlung ein. Mit nordischem Tatendurst errichteten die Blondschöpfe auf Lipari ein Benediktinerkloster. In Palermo verschmolzen sie arabische, normannische und byzantinische Elemente zu Meisterwerken wie die Cappella Palatina, in Cefalù und Monreale zu großartigen Domen. Vorbildlich war ihre Fähigkeit, durch fruchtbare Zusammenarbeit anstatt durch Konfrontation einen Schmelztiegel der Kulturen zu schaffen.

Brutal aber war der Überfall von Piraten im Jahre 1544. Im Dienste des Sultans von Istanbul verwüstete Cheir-ed-Din die Stadt Lipari. Er war unter dem Namen Barbarossa gefürchtet, nicht zu verwechseln mit dem deutschen Kaiser Friedrich I. Barbarossa. Viele Äolianer wurden als Sklaven verschleppt. Die Einwohnerzahl des Archipels sank drastisch ab, auch auf den kleineren Inseln, die zu Schlupfwinkeln arabischer Seeräuber wurden. 1561 fiel Dragut, der bei Barbarossa gedient hatte und auf Panarea Schätze versteckte, bei Stromboli über sieben Schiffe der maltesischen Kreuzfahrer her.

An der Marina Piccola in Lipari, wo bis vor wenigen Jahren die Flügelboote anlegten, steht die Kirche «Le Anime del Purgatorio», «Die Seelen im Fegefeuer». Der erste Reisende, der 1406 die Äolischen Inseln beschrieb, war der Franzose Antoine de la Sale. In seinem Roman «La Salade» – überhaupt einer der ersten Romane der Literaturgeschichte – steht in freier Übersetzung aus dem Altfranzösischen: «In den Meeren des Sizilianischen Reichs öffnen sich die

Jacht «Nixe», mit der Erzherzog Ludwig Salvator von Österreich Ende des 19. Jahrhunderts im Mittelmeer kreuzte und die Äolischen Inseln erforschte.

Feuer des Purgatoriums, und zwar auf den Inseln Estrongol (Stromboli) und Boulcan (Vulcano). Auf Estrongol schlagen große Flammen fast bis in den Himmel. Sie können bei Tag nicht gesehen werden, sind aber wundervoll und deren Rauch ist rot, schwarz, grün und gelb. Landen lässt sich nur mit dem Ruderboot. Hinaufsteigen kann man nicht, weil der Berg sehr hoch und gerade wie eine Mauer ist, zudem voll von Bimssteinen, die unter den Sohlen schmelzen. Gefahr kommt auch von den brennenden Steinen, die dauernd ausgeworfen werden.» Dass auf Stromboli eine Pforte zum Fegefeuer liegen muss, geht auch aus anderen Quellen des Mittelalters hervor.

Ebenso fantastisch wie die Schilderungen von Antoine de la Sale wirken die Lithografien aus dem 18. und Beginn des 19. Jahrhunderts. Wie Spallanzani, Palsterkamp oder Ravioli den Stromboli sahen, lässt uns schmunzeln (s. S. 7, 100, 149). Auch Sir William Hamilton, der englische Botschafter in Neapel, war noch wenig realistisch. Er hinterließ 1776 das mit prächtigen Farbstichen illustrierte Buch «Campi Phlegraei, Observations on the Volcanoes of the Two Sicilies». Darin ist zu sehen, wie der Timpone di Ginostra, ein damals längst erloschener Nebenkrater, Feuer speit (s. S. 98).

Das wissenschaftliche Denken der Moderne setzte sich erst um die Wende des 19. zum 20. Jahrhundert durch. Jetzt wurde akkurat beobachtet, wurden objektive Daten erhoben und interpretiert. Ein herausragender Wegbereiter war Erzherzog Ludwig Salvator von Österreich (1847–1915). Er war leutselig, mit Kaiserin Sissi befreundet und besaß einen Landsitz auf Mallorca. Mit der Jacht «Nixe» kreuzte er im Mittelmeer und entdeckte die Äolischen Inseln, denen er acht wertvolle Bände mit präzisen Schilderungen und Zeichnungen widmete

(s. S. 22, 48, 172). Über den Charakter der Äolianer schrieb er, sie seien sanft und gutmütig. Im Gegensatz zu den Sizilianern würden sie keine Raub- oder Mordtaten begehen. Wen wundert es, dass der Erzherzog unter den Inseln Stromboli bevorzugte? Er liebte eine Strombolanerin und zeugte mit ihr zwei Kinder. Als er jedoch die Frau an den Hof von Wien entführen wollte, verschwand sie spurlos.

Zu den ersten modernen Vulkanologen auf der Insel zählten Mercalli, Erfinder der Mercalli-Skala für Erdbebenstärken, Riccò, Geologieprofessor in Catania, und die Amerikaner Perret und Washington. Ein hellsichtiger Vorläufer war der Franzose Déodat de Dolomieu, der als frisch gebackener Ritter des Malteserordens einen Kameraden im Duell erstach, vermutlich wegen eines amourösen Konflikts. Bereits 1781 bestieg er den Stromboli und erwähnte dessen nicht ganz perfekte Kegelform.

Seeschlacht vor Stromboli

Eine Episode aus der Geschichte soll illustrieren, wie umkämpft Süditalien nach der Herrschaft der Normannen war: Am 8. Januar 1676 donnerten Schiffskanonen vor Stromboli. Eine holländisch-spanische Flotte traf auf eine französische. Die Admirale Michiel de Ruyter und Abraham Duquesne standen einander gegenüber. Vorgängig war es dem Holländer während einer Auseinandersetzung mit England gelungen, mit seinen Seglern in die Themse einzufahren und das Flaggschiff *Royal Charles* zu kapern. Der Franzose wiederum wurde in jungen Jahren schwedischer Vizeadmiral und zeichnete sich unter dem Sonnenkönig Louis XIV aus.

Die Schlacht fand im Rahmen des Niederländisch-Französischen Krieges statt. Louis XIV wollte den Spaniern, nachdem er sie aus den Niederlanden vertrieben hatte, auch Sizilien entreißen. Die Holländer fürchteten, unter die Fuchtel der Franzosen zu geraten. Sie verbündeten sich mit Spanien und dem Deutsch-Römischen Reich. Das erzürnte Louis XIV, der seine Hegemonie stärken, Holland und Spanien bestrafen wollte.

Gründe genug, um sich mit England zu verbünden und eine Armada ins Mittelmeer zu entsenden.

Die holländische Flotte umfasste 19 Schlachtschiffe, darunter ein spanisches, die französische je nach Quelle 20 oder 25 Einheiten plus 6 Kanonenboote. Während 24 Stunden belauerten einander die feindlichen Geschwader und manövrierten je nach Windstärke und -richtung, um sich in optimale Position zu bringen. Da am Morgen des 8. Januar Äolus die Franzosen begünstigte, segelten sie auf die Holländer los, die sich in einer Kette entgegenstellten. Auf beiden Seiten begannen die Kanonen zu feuern, wie der französische Künstler Jean Antoine Théodore de Gudin dramatisch dargestellt hat. Der Kampf wogte hin und her. Mehrere Schiffe wurden beschädigt. Gegen Abend tauchten acht weitere spanische Schiffe auf und bedrängten das französische Flaggschiff. Doch die Kanonenboote antworteten mit Salven und schlugen die Spanier zurück.

Am folgenden Morgen blieben die Geschütze stumm. Hüben und drüben waren die Schäden verkraftbar. Beide Parteien sprachen von einem Sieg, die

Seeschlacht vor Stromboli am 8. Januar 1676. Gemälde von Baron und Maler Jean Antoine Théodore de Gudin (1802–1880), heute im Schloss Versailles.

Historiker von einem Unentschieden. De Ruyter segelte nach Neapel und dann nach Palermo, um seine Schiffe wieder instand zu stellen, Duquesne nach Messina. Doch die zwei Flotten begegneten einander im selben Jahr nochmals zwischen Catania und Syrakus. Während der Schlacht wurde Admiral de Ruyter verletzt; er starb wenige Tage später. In der dritten und letzten Konfrontation der beiden Flotten vor Palermo siegte Abraham Duquesne mit überlegenen Mitteln, was den Franzosen auf Sizilien vier Jahre lang Ruhe verschaffte.

DAS AUF UND AB DER BEVÖLKERUNG

I n der Silvesternacht 1955/56 tanzte ich als junger Student mit einer 18-jäh-rigen Strombolanerin. In zwei Wochen, verriet sie mir, wandere sie mit ihrer Familie nach Australien aus. Ihre Worte klangen, als gingen Heimweh und Abenteuerlust eine Symbiose ein. Dazu passte, dass zur Geisterstunde zwei bärtige Männer mit doppelläufigen Gewehren Feuersalven in die Luft knallten. Von den Bergflanken hallte ein dumpfes Echo.

Im 19. Jahrhundert erlebten die Äolischen Inseln einen denkwürdigen Auf-schwung. Von 1825 bis 1891 nahm Strombolis Bevölkerung von 1660 auf 2716 Personen zu. Mitverantwortlich war eine vermehrte Einwanderung. Aus Sizi-lien kamen unter anderen die Familien Dante, Scibilia und Utano. Pfeiler des bescheidenen Wohlstands waren der Fischfang und die Landwirtschaft. Im Meer wimmelte es von Fischen und Krustentieren, auf den künstlich angeleg-ten Terrassen gediehen Reben, Oliven und Kapern. Was fehlte, war das Getrei-de. Es wurde auf dem Festland gegen Wein und Rosinen eingetauscht, in der Mühle gemahlen und in Rundöfen zu Brot gebacken. Die Äolianer waren nicht nur Opfer von Piraten, sondern wurden als Seeräuber selber aktiv. Bot sich eine günstige Gelegenheit, plünderten sie mit Korn beladene Schiffe aus Byzanz.

Das Fußballspiel von Jugendlichen gehört wieder zum Alltag, oft in stiebender Vulkan-asche.

Verlauf der Bevöl-kerungszahl auf Stromboli während fast zwei Jahrhun-derten. Auf den dra-matischen Abfall während der ersten drei Viertel des 20. Jahrhunderts (aus alten Quellen) folgt ein Wieder-anstieg in der Moderne (Zahlen von Carlo Lanza, Capo Quartiere).

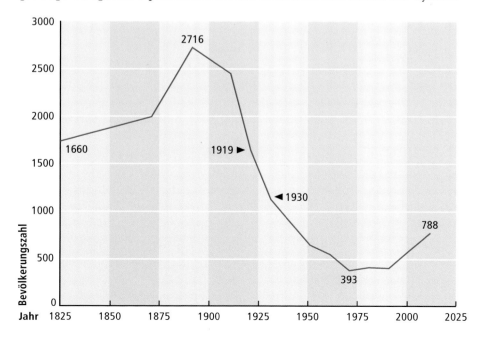

47

Im Gegenzug überfielen die Muslime nicht nur Lipari. Laut alten Überlieferungen entführten sie auch eine Gruppe von Strombolanerinnen aus der Scalo Balordi-Bucht.

Neben Landwirtschaft und Fischerei trug der Transport mit Segelfrachtern wesentlich zum Wohlstand bei. 1871 gab es auf Stromboli 13 Unternehmer, Padroni genannt. Insgesamt unterhielten sie 30 Karavellen, die zu Fahrten auf hoher See taugten. Dem Einsatz in den Küstengewässern dienten 52 Barken. Um die Erzeugnisse der Insel zu verkaufen, segelten die Kapitäne und Matrosen nach Kalabrien, mit den Karavellen bis ins nördliche Mittelmeer oder gar durch die Meerenge von Gibraltar. Im Auftrag von Sizilianern beförderten sie Südfrüchte nach Neapel, Genua oder Nizza. Als tüchtige Seeleute waren die Äolianer in ganz Europa geschätzt. Sie ließen sich auf italienischen, englischen oder französischen Schiffen anheuern und befuhren die Weltmeere. Das hatte zur Folge, dass auf Stromboli am Ende des 19. Jahrhunderts mehr Frauen als Männer lebten. Die Matrosen in fremden Diensten waren nur selten zu Hause.

Den Untergang der traditionellen Agrikultur leitete um 1890 die Reblaus ein. Aus Amerika eingeschleppt, breitete sie sich rasant aus und richtete die Reben zugrunde. Nun gab es keinen Malvasier mehr zu keltern, den Süßwein, der auch in England sehr geschätzt war. Davon zeugt Shakespeares Drama «Richard III», in dem der Mörder sagt, während er Herzog Clarence von hinten ersticht: «Nehmt das und das; reicht alles noch nicht hin, so tauch' ich Euch ins Malvasierfass draußen.» Und sogar Martin Luther soll mit Vorliebe dem Süßwein zugesprochen haben.

Erschwerend kam hinzu, dass in der zweiten Hälfte des 19. Jahrhunderts die ersten Dampfschiffe die Segler zu verdrängen begannen. Einen Teil des

Warentransports übernahm auch die Eisenbahn, die nun Sizilien mit Neapel und Norditalien verband. Güterzüge rasselten den italienischen Stiefel hinauf und hinunter. Zu allem Überfluss explodierte der Vulkan zweimal unerhört heftig. 1919 forderte ein Ausbruch vier Todesopfer, 1930 sogar deren sechs. Viele, die bisher trotz der widrigen Umstände auf der Insel ausgeharrt hatten, ergriff Panik. Sie wanderten ebenfalls aus. Nur wenige ließen sich vom Arzt und Humanisten Francesco Renda zum Bleiben überreden. Renda war ein Visionär, der den Aufschwung durch den Tourismus vo-ausahnte.

Die Verbliebenen übten Selbstgenügsamkeit, bis der Zweite Weltkrieg ausbrach. Wie Fabio Famularo in einem historischen Roman aufgrund der Erzählungen von Vater und Großvater geschildert hat, hatten die Fischer und Bauern zunächst keine Ahnung, was auf der Welt geschah. Mitten im Meer und ohne moderne Medien waren sie entrückt. Seltsam schien ihnen nur, dass die Kursschiffe unregelmäßig eintrafen, die Versorgung mit Lebensmitteln und Post nicht mehr klappte. Erst als ein Amphibienfahrzeug mit 150 deut-schen Soldaten und Offizieren auf dem Strand von Ficogrande landete, wurde der Krieg zur Wirklichkeit. Um sich gebührend Respekt zu verschaffen, knall-ten die Fremden Kugelsalven in die Luft. Sie luden Gewehre, Munition und Proviant aus und installierten eigenartige Instrumente, die sie mit Strom-generatoren betrieben. Zudem besetzte die Soldateska die besten Häuser und verbot den Strombolanern sogar, unaufgefordert mit ihren Booten auszufah-ren und zu fischen. Tagsüber übten sich die Fremden in Waffenhandhabung und beobachteten den Schiffsverkehr mit Fernrohren. Abends tranken sie mehr, als ihnen gut tat. Mit einheimischen Faschisten – die gab es – feierten sie laute Feste.

Bald herrschte Lebensmittelmangel. Glücklich diejenigen, die ihre Vor-räte versteckt hatten, Malvasia gegen Brot eintauschen konnten. Da die Läden rasch leer gekauft waren, verlor das Geld jeden Wert. Hunger plagte die Insula-ner, was ihren Mut je länger desto mehr anstachelte. Trotz strenger Bewachung der Strände gelang es einer Gruppe, im Schutz der Nacht auf Booten nach Pun-ta Lena zu rudern und unbewacht Fische zu fangen. Vor Tagesanbruch schlepp-ten sie die Beute in Zwilchsäcken über die damals schon misslichen Pfadspuren ins Dorf. Einmal gelang es ihnen gar, in der Macchia ein wildes Kaninchen zu schießen, ohne von faschistischen Häschern geschnappt zu werden.

Wie im 18. Jahrhundert entbrannte auch im Zweiten Weltkrieg eine See-schlacht zwischen Stromboli und Kalabrien. Bomben klatschten in die Wellen, Schiffe gingen in Flammen auf, Trümmer und Leichen wurden an die Strände geschwemmt. Und der Hunger nahm überhand. In ihrer Verzweiflung ruder-ten zwei kräftige Männer in drei Tagen nach Palermo, wo sie auf dem Schwarz-markt Nahrungsmittel erstanden und zurück ans inzwischen unbewachte Ufer brachten. Auf Sizilien hatten sie erfahren, die Amerikaner und Engländer seien auf Sizilien gelandet und schickten sich an, Süditalien zu erobern.

Trotzdem war die Überraschung groß, als die Deutschen ihre Waffen und Utensilien in aller Eile packten. Im Amphibienfahrzeug suchten sie das Weite. Wenig später warfen zwei amerikanische Kriegsschiffe Anker vor Ficogrande. Sie wurden von den Einheimischen mit weißen Fahnen willkommen geheißen. Die Alliierten gingen an Land und durchsuchten die Insel, ohne Verdächtiges zu entdecken. Nach ihrer Abfahrt waren die Strombolaner wieder Herren ihrer selbst. Endlich. Aber womit wartete die Zukunft auf?

Erstmals wurde die Vulkaninsel 1949 durch den skandalumwitterten Film «Stromboli, Terra di Dio» international bekannt. Ingrid Bergman, die international gefeierte schwedische Schauspielerin und Partnerin von Humphrey Bogart und Anthony Quinn, hatte sich in Roberto Rossellini verliebt, Ehemann und Tochter in Hollywood Hals über Kopf verlassen. Im Film ihres Liebhabers und Regisseurs übernahm sie die Hauptrolle. Wie war es aber einer Diva zuzumuten, jeglichem Luxus zu entsagen, in einem Ruinendorf zu leben? Wollte sie duschen, mussten Frauen mit Kübeln aufs Flachdach steigen und ihr Zisternenwasser über den Kopf gießen. Elektrisches Licht fehlte. Den Abend verbrachte das Filmteam im Schein von Petroleumlampen. Zu allem Überfluss verlangte das Drehbuch, dass Ingrid auf Eselsrücken bergwärts zu reiten hatte. Oben ängstigte sie das Feuer des Vulkans, in dessen unstetem Schein sie über Aschenfelder waten musste. Rossellini versuchte sie zu trösten, indem er ihr eine Bulldogge schenkte. Seinerseits hatte er sich von der Schauspielerin Anna Magnani getrennt. Als diese von seiner Untreue erfuhr, schmiss sie ihm impulsiv einen Teller Tomatenspaghetti an den Kopf. Obschon der Film nur beschränkten Beifall fand, verbreitete er den wohlklingenden Namen Stromboli und lockte erste Abenteurer und Touristen an.

Faszination

Vincenza Senise Di Pasquale, geboren 1905 in Palermo, hat im Alter von über neunzig in Rom beschrieben, wie sie Stromboli 1955 erlebt hatte. Auf Rat ihrer Tochter Rosalba fuhr sie im September mit Ehemann Ercole nach Stromboli, anstatt die Ferien wie gewohnt auf Capri zu verbringen. Bei stürmischem Meer ankerte der «Eolo» im Morgengrauen vor Ficogrande, wo sie nach viel Zögern ins Ruderboot sprang. Sogleich nahm sie der schwarze Sand gefangen. Das Paar fand im Villaggio Stromboli Unterkunft in einem Zimmer, in dem Kakerlaken, Ameisen und Spinnen hausten. Es roch nach Mief. Erst nach einem Erkundungsspaziergang auf der Via Regina Elena fanden sie das Zimmer wunschgemäß gesäubert und hergerichtet.

In Enkel Andreas von Bleicherts Übersetzung schrieb sie: «Die Häuser von Piscità waren vollkommen verwahrlost – wahrscheinlich schon ein halbes Jahrhundert. Dies musste einmal ein dicht besiedeltes Gebiet gewesen sein. Die unzähligen Häuser, die fast alle an den Abhängen des Vulkans gebaut waren, waren halb eingestürzt. Es gab eine Menge Ruinen und Höhlen und keine Spur von Leben. Es war wie als wenn man durch eine kleine Totenstadt laufen würde. Wie verfallen alles war! Die Grabesruhe wurde jäh von einem von oben kommenden, anhaltenden Donner unterbrochen. Dieser höllische Krater schien unsterblich zu sein.»

Zum Abendessen erhielten Vincenza und Ercole Spaghetti und eine Omelette. Fische? «Sehen Sie denn nicht, dass wir bei diesem Seegang nicht fischen gehen können?», war die Antwort der Wirtin. Fleisch? «Einen Metzger gibt es hier nicht.» Leben gab es nur in San Vincenzo, die Bewohner von San Bartolo und Piscità waren fast alle ausgewandert. Bald reiste das Paar weiter nach Vulcano, wo es Ercole wesentlich besser gefiel als auf Stromboli. Vincenza jedoch litt unter Sehnsucht nach Iddu. «An diesem 20. September, unserem 29. Hochzeitstag, hatte Stromboli uns gewaltige, einzigartige und wunderschöne Eindrücke geschenkt», sagte sie. Ihr Ehemann hielt dagegen: «Das ist eine Insel, die niemand jemals wieder ins Leben rufen kann.»

Ercole musste als Italiens Esso-Chef zu einer Besprechung nach Messina, Vincenza hingegen weigerte sich, in Vulcano auf ihn zu warten, sondern fuhr stracks zurück nach Stromboli. Bei Streifzügen durch Piscità entdeckte sie eine Trotte und das zugehörige Magazin. Als sie hörte, diese seien käuflich, unterschrieb sie einen Vorvertrag und leistete eine Anzahlung, ohne ihren Mann zu konsultieren. Das nötige Geld hatte sie im Sommer mit Nachhilfestunden in Deutsch verdient.

Nach seiner Rückkehr war Ercole über ihren eigenmächtigen Entscheid empört. In Machomanier schimpfte er, der Vorvertrag sei sofort rückgängig zu machen. «Warum gefällt dir diese Insel», ereiferte er sich, «die nichts Faszinierendes an sich hat, deren Bewohner primitiv sind und dessen Vulkan eine ständige Bedrohung darstellt?» Vincenza wurde von einem Weinkrampf befallen. Ercole reagierte mit Besonnenheit, worauf sie sich schluchzend entschuldigte, wohl bewusst, dass sie die damals strikten Regeln der männlichen Vorrechte verletzt hatte. Er gab zu bedenken, die Wiederherstellung des Hau-

Nur durch Helme
geschützt näherten
sich die wagemuti-
gen Fotografen
Daniel Holzer und
Denis Betholet den
Feuer speienden
Kratern (1953, Früh-
phase der Farb-
fotografie).

ses, heute die «Casa la Pergola», über-
steige seine finanziellen Möglichkeiten.
Es sei denn, sie helfe mit, indem sie auf
Reisen und allen Luxus verzichte. «Ich
werde weiterhin Sprachunterricht ertei-
len und so mithelfen», versicherte sie,
«und ein bescheidenes Leben führen.»
Nun riefen sie ihre Tochter Rosalba, die
Architektur studiert hatte, auf die Insel,
um sie beide beim Wiederaufbau des
Hauses zu beraten. Ein Bauleiter, zwei
Maurer und zwei Hilfsarbeiter wurden
mit der Ausführung betraut. Doch Ende
Februar, am Datum der geplanten Fer-
tigstellung, trafen in Rom beunruhigen-
de Nachrichten ein. Kurz entschlossen
fuhr Vincenza allein auf die Insel, um
zum Rechten zu sehen. Bei Arbeitsbe-
ginn um 6.30 Uhr waren nur die Maurer
anwesend. Die übrigen trudelten um
mehr als eine Stunde zu spät ein. Haus
und Magazin waren unangetastet, nur

eine Umfriedungsmauer war fertig. Vincenza übernahm das Kommando selbst.
Unter ihrer Regie schritt die Restaurierung zügig voran. Ende Juni war das
Haus bezugsbereit. Ercole, Rosalba und
ihre Schwester Adelaide, die später
während Jahren die Casa bewohnen und
durch ihr vornehmes Wesen und ihre
langen Faltenröcke beeindrucken sollte,
sowie Bruder Toni wurden ebenfalls zu
Fans der Vulkaninsel.

Im selben Jahr 1955, in dem Vincenza auf Stromboli landete, besuchten
auch der Erstautor und Freund Walter
Munz die schwarze Vulkaninsel. Sie
wohnten übers Jahresende 1955/56 in
der Jugendherberge «Ostello Eolo».
Nach dem Genuss von Malvasia tauften
sie die Via Regina Elena Gespenster-
gasse, flohen auf Labronzo vor einem
Lapillihagel und erschauderten ob der
Feuerschlangen auf der Sciara del Fuoco.

Bekannt wurde die Insel auch durch Publikationen des französischen
Vulkanologen Haroun Tazieff, der den Vulkan wissenschaftlich erforschte. Ver-
glichen mit modernen Standards, war seine Ausrüstung rudimentär. Nachah-
mern empfahl er, stehend und durch Helme geschützt die aktiven Kraterränder
aufzusuchen, ja nicht abzuliegen oder sich hinzusetzen. Im Stehen trafen her-
abstürzende Glutfetzen den Schutzhelm und fügten so weniger Wunden am
Körper zu. Was die jungen Westschweizer Fotografen Daniel Holzer und Denis
Bertholet dazu anspornte, 1953 auf ebenso abenteuerliche Weise einen Doku-
mentarfilm über die Tätigkeit des Vulkans zu drehen. Sie scheuten sich nicht,
sich dem aktiven Krater zu nähern. Neu aufgelegt unter dem Namen «Scoppio»
ist ihr Video sehr sehenswert, für Stromboli-Fans ein Muss. Es zeigt auch das
damalige Leben auf der Insel.

Neben Geologen und Fotografen zog die Insel Künstler an. Zwischen 1961
und 1969 malte Hans Falk in Piscità und nannte seine Werkreihe «Stromboli».
Auch er trug den Namen der Insel hinaus in die weite Welt, nach London und
New York, wohin er sein Atelier in den darauf folgenden Jahren verlegte.

1971 erreichte die Einwohnerzahl mit 393 Menschen ihren Tiefstpunkt.
Aber die Wende war angebahnt. Der Tourismus blühte auf. Neue Hotels wurden eröffnet, Ruinen wieder aufgebaut, Häuser den modernen Bedürfnissen

Vor der letzten Auswanderungswelle war die Primarschule lebendig wie heute wieder. Domenico Russo wirkte als Lehrer (1953).

Rechts traditionelle Osterprozession vor Aufblühen des Tourismus. Am Karfreitag wird Jesus Christus auf der Bahre von San Vincenzo nach San Bartolo getragen, begleitet durch Mutter Maria. Am Sonntag kehrt Christus auferstanden zurück und begegnet Maria, die freudig ihren schwarzen Mantel ablegt.

angepasst. Italiener aus Sizilien und vom Festland, Deutsche, Franzosen, Österreicher und Schweizer erwarben Liegenschaften teils zu Spottpreisen.

Die Einheimischen fanden durch den Aufschwung Arbeit als Fischer, Bäcker, Maurer, Maler, Köche, Laden- und Boutique-Besitzer, Bergführer oder Taxichauffeure. Dazu kam, dass sich in die Insel Vernarrte ganzjährig niederließen. Diese Wahl-Strombolaner (s. S. 195) arbeiteten als Schreiner, Künstler oder Architekten. Als 1978 die Zeit der Petroleumlampen zu Ende ging, ein Generator in Scari Strom zu erzeugen begann, kamen Elektriker hinzu. Ein Mechaniker fand sein Auskommen, indem er Fahrräder, Vespas, dreirädrige Ape mit Zweitaktmotoren und später Elektromobile flickte. Andere vermieteten Wohnungen oder boten Rundfahrten mit ihren Booten an. Traditionellerweise steckt in allen Strombolanern ein Multitalent. Sie üben sämtliche Tätigkeiten aus, die einst und jetzt auf dem Eiland gefragt sind. Erst die jüngere Generation spezialisiert sich zusehends.

Immer häufiger wählen auch Prominente Stromboli als Feriendomizil. Seit vielen Jahren erholt sich der italienische Staatspräsident Giorgio Napolitano hier von den politischen Strapazen. Bewacht von «Gorillas» und von seiner Frau Clio begleitet, besteigt er in Neapel das Linienschiff *Laurana*. Auf Stromboli wird er vom Sindaco di Lipari empfangen. Die Strombolaner mögen ihn, sind beeindruckt von seiner Bescheidenheit und seinem freundlichen Auftreten. Auch Theater- und Fernsehschauspielerinnen wie Angela Finocchiaro oder Patrizia Zappa Mulas haben Häuser auf Stromboli, Schriftstellerinnen wie Lidia Ravera oder Hannelene Limpach. Eine Reihe von Universitätsprofessoren verbringen den Ferragosto auf dem Vulkan und beraten die Strombolaner in Gesundheits- oder Rechtsfragen. Vor zehn Jahren haben die Modeschöpfer

Dolce und Gabbana einen Häuserkomplex auf den Klippen von Piscità in ein Paradies verwandelt. Sie fahren mit der Jacht vor und sorgen für Furore. Einmal wurde gemunkelt und durch Zeitungsnotizen bestätigt, die Sängerin Madonna sei bei ihnen zu Gast. Naomi Campbell weilte mehrmals auf der Insel, auch Giorgio Armani wird oft gesichtet.

Dank des Sommertourismus nimmt die Bevölkerung seit 1990 laufend zu. Im Juli 2011 zählte man 788 ständige Einwohner, fast doppelt so viele wie vierzig Jahre zuvor. Es gibt wieder Familien und zwanzig Schüler, die sich in der Freizeit auf dem nun unentbehrlichen Fußballplatz tummeln. An den Hochzeiten versammeln sich herausgeputzte Teenager. Kulturelle Ereignisse wie Kunstausstellungen oder Lesungen sind keine Seltenheit. In der Buchhandlung bietet Chiara Bettazzi tagsüber ausgewählte Lektüre an, abends Filmvorführungen. Längst ist der Film von Roberto Rossellini nicht mehr der einzige, der hier gedreht wurde. Nanni Morettis «Caro Diario» (1993) spielt teilweise auf der Insel, ebenso Simona Izzos «Tutte le donne della mia vita» (2007). Tanzlustige lockt das Dancing «Mega», das südlich von Scari unter den mächtigen Lavafelsen von La Petrazza erbaut wurde. Wie lange dieser Aufschwung anhält, hängt von der internationalen Konjunktur und Reisefreudigkeit ab. Auch die Aktivität des Vulkans spielt eine Rolle. Die Strombolaner wünschen sich eine regelmäßige, aber nicht zu starke Eruptionstätigkeit, die Fremde anzieht, aber nicht abschreckt.

Trotz des sommerlichen Rummels hat die Insel viel von ihrer Ursprünglichkeit bewahrt, vor allem während der Vor- oder Nachsaison. Jeweils am ersten November kehren die Ahnen auf ihre Heimatinsel zurück. Auf dem mit Blumen geschmückten Friedhof – so will es der Volksmund – ermahnen sie ihre Getreuen und raten ihnen zu einem wohlgefälligen Lebenswandel.

Staatspräsident Giorgio Napolitano wartet im Elektroauto auf die Fahrt ins Feriendomizil.

Danilo Dolce und Stefano Gabbana auf der Terrasse ihres Sommerhauses mit Gast Naomi Campbell.

Herausgeputzte Teenies bei einer Lagebesprechung.

AUFBRUCH NACH ÜBERSEE

Ein verwittertes Grab auf dem Friedhof ist mit frischen Rosen geschmückt.
Da liegt die Vermutung nahe, dass *Ginette Page Toscano* auf der Insel sein
muss. Tatsächlich ist sie vor wenigen Tagen aus Wellington (Neuseeland) an-
gereist. Ihr Mann Robin mit Maori-Blut ist für einmal zu Hause geblieben.
Ginette wohnt bei Antonietta Palino, die nach Australien ausgewandert ist,
doch nach dem Tod ihres Vaters wieder teilweise auf der Insel lebt und Bilder
von überschäumender Fantasie malt. Obwohl Ginette gut Italienisch spricht,
unterhalten sich die beiden Frauen auf Englisch. Denn die Neuseeländerin
beherrscht lediglich den Dialekt der alten Äolianer, den die strombolanische
Mutter, eine geborene Toscano, ihr einst beigebracht hat. Damit kann sie sich
zwar mit betagten Einheimischen verständigen, nicht aber mit den Jungen,
deren Dialekt sich stark verändert hat.

Von der Zeit der Entvölkerung, die den gesamten Archipel betraf, war ausführlich die Rede. Aber wohin verschlug es die Emigranten, und was war ihr
Schicksal? Darüber wissen wir je länger desto besser Bescheid. Einzelne Rück-
wanderer lassen sich wieder auf ihrer Heimatinsel nieder, auch wollen Kinder
und Enkel der Emigrierten ihre Wurzeln kennenlernen. In einzelnen Über-

Ginette Page Tos-
cano, Leiterin einer
Vereinigung nach
Neuseeland emi-
grierter Strombo-
laner auf der Hei-
matinsel ihrer Vor-
fahren.

Ausgewanderte
strombolanische
Fischer 1925 am
Strand von Welling-
ton, Neuseeland.

Emigrantenfamilie Curulli 1917 in Wellington.

seeländern haben die Auswanderer und deren Nachkommen Vereine gegründet. Strombolaner versammeln sich nicht nur in Wellington, sondern auch in Nutley bei New York. Über die Schicksale der Insulaner in Amerika hat Filomena Stefanelli das lebendig-nostalgische Buch «The Stromboli Legacy» veröffentlicht. Ginette Page Toscano hingegen war in Wellington Mitautorin von «Famiglie Strombolani in Nuova Zelanda». Blumige Illustrationen bereichern beide Publikationen. Bevor die Ausgewanderten es wagten, eine Familie zu gründen, wollten sie oft in der Fremde eine sichere Existenz aufbauen. Deshalb kam es vor, dass sie die auf der Insel treu wartende Verlobte erst nach Jahren abholten.

Unser erstes Buch über Stromboli hatte Folgen. Mit einem Mail-Hagel bestürmte uns *José Luis Anastasio Fuentes* aus Buenos Aires, einem weiteren Schwerpunkt der Emigration, ihm ein Exemplar mit Widmung zu senden. Mit der italienischen Fassung komme er gut zurecht. Das kunstvoll gestaltete Grab seiner Großeltern haben wir gesucht und gefunden. Aber war es das richtige? Denn das hier beerdigte Paar hieß Anastasi ohne «o» am Ende des Namens und deren Kinder lebten in Australien. Es entwickelte sich eine rege Korrespondenz über lateinamerikanische Politik, Nordamerika und seinen «good or bad will» gegenüber dem Südkontinent, über Ölfelder, Wahrsagerinnen und Horoskope, Tango und Samba – bis José Luis eines Tages schrieb, er könne nicht mehr anders, müsse gehauen oder gestochen die Heimat seiner Vorfahren aufsuchen, am liebsten während unserer Anwesenheit. An einem Septembertag klopfte es ungeduldig an der Tür. Da war er, in Begleitung von Mary Ann Re aus New York, die von ihrem Vater ein Haus auf Salina geerbt hatte. Es wurde vergnüglich. José Luis erzählte, er sei ohne einen einzigen Euro in der Tasche von Palermo nach Milazzo gelangt. Er glaubte, wie in Lateinamerika üblich, mit US-Dollars auszukommen. Am folgenden Tag streiften wir zu viert durchs Dorf und trafen Mario Cusolito, den José Luis wie einen alten Freund begrüßte, obwohl er dessen markante Gestalt nur von Bildern her

Grab von Alfio und Maria Anastasi(o) auf dem Friedhof von San Vincenzo.

Ihr Verwandter José Luis Anastasio Fuentes aus Buenos Aires und Mary Ann Re aus New York, Enkelin eines Schiffseigners von Santa Marina auf Salina, verlassen die Insel mit dem Flügelboot.

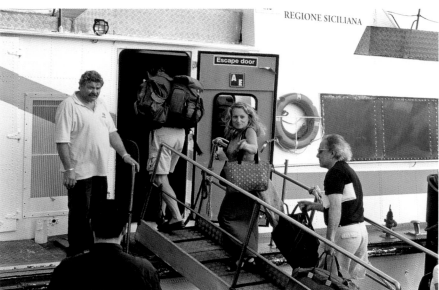

kannte. Auf dem Friedhof erwies er seinen Großeltern die Reverenz und bemühte sich, unsere Zweifel über den richtigen Familiennamen auszuräumen. Mary Ann stammte aus der Familie der «Padroni» Re, die auf Salina ein Unternehmen mit Segelfrachtern betrieben hatten. Nach zwei Tagen auf der Insel waren die Köpfe der Amerikanerin und des Argentiniers randvoll. Sie entschwebten per Aliscafo in Richtung ihrer vertrauten Gefilde.

Pfiff bewies *Silvestro Picone*, der in Piscità in der Casa Scalo Balordi aufgewachsen und als 19-Jähriger nach Melbourne ausgewandert war. Dort bildete er sich zum Coiffeur aus. Sein Geschäft florierte so, dass er bald zusätzliche Salons eröffnen konnte. Schließlich besaß er deren acht. Weil ihm die Arbeit mit Rasiermesser, Shampoo und Schere verleidete, stieg er in den Immobilienhandel ein. Die Gewinne ermöglichten es ihm, das von Tante Peppina geerbte Haus in Piscità zu renovieren. Peppinas Ruf als Köchin war einst legendär gewesen. Lag es am Namen? Ihre Namensvetterin Peppina Magnoni führte in den 60er- und 70er-Jahren mit den Schwestern Caterina und Concettina die «Locanda San Domenico», wo man auch im Hochwinter eine Unterkunft fand und einen «Stromboli di Spaghetti» serviert bekam. Die «Sorelle Barbute», wie die drei Schwestern genannt wurden, sprachen voller Ehrfurcht von Iddu. Wollte ein Gast den Vulkan besteigen, bekreuzigten sie sich, denn sie wussten nur zu gut, wie launisch der Feuerberg war. Doch zurück zu Silvestro Picone: Die Sommermonate verbringt er jetzt auf der Insel und den Winter in Australien. Er führt ein Leben mit globalem Pendelschlag.

Umgekehrt erging es Strombolanern, die in der Fremde die schwarze Vulkaninsel nicht vergessen konnten. Nach hartem Existenzkampf kehrten einige zurück, oft vor dem Aufschwung des modernen Tourismus. Zu ihnen gehörte die Bäckerfamilie von *Salvatore Cusolito*. Frau Eugenia ertrug das Klima in Australien nur schlecht, fühlte sich erst zu Hause wieder wohl, umso mehr, als es darum ging, eine Bäckerei zu eröffnen. Salvatore buk das Brot, Eugenia, deren Stimme grollen und donnern kann wie Iddu, stand täglich hinter dem Ladentisch. Nun, da der jüngste Sohn und die Tochter Caterina das Geschäft übernommen haben, widmet sich Salvatore den Reben. Er knüpft an die Tradition an, nach allen Regeln der Kunst Malvasia zu keltern. Der älteste Sohn Vincenzo musste nach der Rückkehr aus Australien eine Klasse repetieren, da er zwar Mundart, aber kein Schriftitalienisch verstand. Nun bewährt er sich mit seinem Maurertrupp, und Schwester Maria führt einen Laden.

Anders verlief die Familiengeschichte bei *Peppino* und *Caterina Utano*, die ihre zehn Kinder auf der Insel aufgezogen hatten. Dem damaligen Trend gemäß wanderten die ältesten drei Töchter nach Australien aus, gründeten Familien und besuchen alle paar Jahre ihre Verwandten auf der Heimatinsel. Sohn Franco begleitete die Schwestern, kehrte jedoch dem fünften Kontinent den Rücken, gemeinsam mit der angetrauten Australierin Glenda. Er wurde zum Allrounder wie Bruder Nino. Die Riesenmauer aus Basaltquadern, an der sich die winterlichen Sturmwellen vor dem Haus Falk brechen, ist ihr Monumentalwerk. Sobald das Handwerk florierte, lancierte jeder seine eigene Gruppe. Es galt, Wände zu errichten, Ruinen instand zu stellen, Canna-Dächer zu befestigen, Zisternen frisch zu pflastern oder zu säubern, Fassaden mit Kalk zu tünchen und den Familienbesitz zu verwalten. Beide erfüllten ihre Bürgerpflichten, indem sie nacheinander die Funktion eines «Capo Quartiere» ausübten, denn Stromboli ist ein Quartier von Lipari. Auf dem Archipel genießt nur Salina das Vorrecht von drei selbstständigen Gemeinden. Franco profiliert

sich neuerdings im Bau von Holzschiffen, Nino leitet weiter eine Baugruppe. Zudem frönt er seinen Hobbys als Koch, Sänger und Gitarrenspieler.

Bis kurz vor seinem Ableben pflegte *Gaetano Famularo* auf einem Mäuerchen zu sitzen und aus seinem Leben zu erzählen. Er war über neunzig und mit dem ansteckenden Lachen ein Liebling aller Passanten. Zur Auswanderung mit Frau und jüngstem Sohn nach Amerika hatte er ausgerechnet die «Andrea Doria» gewählt, die 1953 vor New York sank. Im dichten Nebel rammte das Passagierschiff «Stockholm» den italienischen Dampfer. Im Pyjama konnte sich Gaetano durch einen Sprung ins Wasser retten. Eine französische Mannschaft fischte ihn heraus. Zunächst wusste er nicht, was Frau und Sohn geschehen war. Doch auch sie erreichten in einem Beiboot das gelobte Land. Wegen des Unglücks, das mehr als vierzig Todesopfer forderte, erhielt die Familie 1000 Dollar pro Person, damals eine beträchtliche Summe. Sie brauchten das Geld, um sich neu einzukleiden und mit dem Nötigsten zu versehen. Doch die Wolkenkratzer schienen ihnen allzu hoch, die Straßenschluchten fürchterlich tief, die menschlichen Kontakte zu unpersönlich. Bereits nach drei Jahren verließen sie New York City wieder. Zurück auf der Insel, erwarteten sie die verheiratete Tochter und der ältere Sohn, der bei ihrer Ausreise Militärdienst geleistet hatte.

Franco, vor Jahren mit seinen älteren Schwestern nach Australien ausgewandert, aber längst zurückgekehrt, baute 2011 ein traditionelles Ruderboot.

Eine strahlende Frau mit roten Haarwischen, die auch im Winter auf
der Insel wohnt? Waren ihre Vorfahren Normannen, die einst über Sizilien
geherrscht haben? Nein, sie ist Polin. Malgorzata Andrzejak, genannt *Margherita*, arbeitet im «Marano», einem Lebensmittelladen mit vielfältigem Ange-
bot. Da gibt es frische Früchte, so frisch sie eben auf der Insel sein können,
Milch, Käse – gerade ist Mozzarella di Bufala aus Napoli angekommen –, Sala-
mi, Schinken, Schokolade, Pasta in verschiedensten Variationen sowie erlese-
ne Weine. Margherita ist die Seele, der ruhende Pol. Zur Freude der Kunden
hat sie Ladenbesitzer Pier-Paolo wie alle Mitarbeiterinnen in eine blaue
Mütze und einen roten Overall gekleidet. Die nachkommunistische Arbeits-
losigkeit zwang viele Polen auszuwandern, so 1993 auch die junge Margherita. Warum sie Stromboli zu ihrer Heimat wählte, ist für sie schwer nachvoll-
ziehbar. Jedenfalls machte sie eine Bekannte darauf aufmerksam, dass sich im
Sommer auf der Insel Geld verdienen ließ. Zunächst wurde Margherita Zim-
mermädchen in der Pension Nassa, der damals eine Tanzbar angeschlossen
war. In der Freizeit büffelte sie Italienisch im Eigenstudium und mit Radio
hören. Nach zwei Monaten begann ihr das Leben auf der Insel zu gefallen. Der
Besitzer der Pension Nassa bot ihr an, auch den Winter hier zu verbringen und
im Haushalt mitzuarbeiten. Bald lernte sie Pierina Cincotta kennen, die ihr

fern der Heimat zur Freundin und zugleich Ersatzmutter wurde. Im Supermarkt der Familie entdeckte man ihr Talent als kluge Verkäuferin. Längst ist sie im «Marano» zur rechten Hand von Sohn Pier-Paolo geworden und zur Frau eines Strombolaners, der gerne althergebrachte Holzboote zimmert. Nur zur Weihnachts- und Neujahrszeit kehrt sie regelmäßig nach Polen zurück und feiert die Feste mit ihrer Familie. Margherita war ein Beispiel für manche ihrer Landsleute. Weitere Polen folgten und wurden zu einem integralen Bestandteil der strombolanischen Bevölkerung.

Ein liebenswertes Dorf-Faktotum ist *Aimée Carmoz*, die weißhaarig und flink durchs Dorf zieht, mit umgehängter Tasche und an den Ohrläppchen steckenden roten Korallen. Sie wohnt mit unzähligen Katzen in einem total von Efeu überwucherten Haus, das aussieht wie ein verwunschenes Schlößchen. Ihre Heimat ist Savoyen. Auf Empfehlung eines Reiseschriftstellers kam sie 1968 auf die Insel und erklärte diese zur neuen Heimat. Ihr Mann war damit nicht einverstanden und blieb in Frankreich. Aimée sieht man schon am grün bemalten Kleinfinger an, dass sie mit Leib und Seele Umweltschützerin ist. Sie pflegte mit dem elsässischen Vulkanologenpaar Maurice und Katia Krafft eine enge Freundschaft, ebenso mit dem Pariser Organisten Francis Chapelet, der die Orgel in der Kirche von San Vincenzo restaurierte und anschließend ein Konzert spielte. Die virtuosen Läufe und Akkorde – spanische Barockmusik und Fugen von Bach – hallen noch heute nach auf Stromboli.

Vereinzelt trifft man auch Tamilen an, Schwarzafrikaner oder Frauen mit Kopftuch. Prognosen für die Zukunft zu stellen wagt wohl niemand.

Alles aus Sizilien,
mit Ausnahme der Frauen

Was nicht alles aus Sizilien mit dem Frachtschiff angeliefert wird: Früchte in einer Frische und Reife, die Großverteiler jenseits des Alpenkamms zwar anpreisen, aber nicht in die Regale bringen, drei Sorten von Pfirsichen, Orangen und Zitronen, Pflaumen, Birnen, Salate und Gemüse vom Feinsten, Spinat, Artischocken, Fave, Bohnen und Karotten. Nur Äpfel, Zwetschgen oder Kirschen genießt man besser im Norden. Beim Einkauf ist auf das Datum der Anlieferung zu achten. Vor allem im Sommer verderben die Frischwaren rasch. Doch vergessen wir die sizilianischen Weiß- und Rotweine nicht, die Jahr für Jahr an Qualität zulegen. Auch die Baumaterialien stammen aus Sizilien, der Zement, die Backsteine und die Tragbalken der Zimmerdecken aus Kastanienholz, die oft ein Jahrhundert überdauern.

Nur was mit Mechanik und Elektronik zu tun hat, kommt vom Festland: Die Ape, die sogar zur Pizzeria auf Labronzo tuckern, erst recht die zunehmend zirkulierenden Elektromobile, die Kochherde, Kühlschränke, Sanitäranlagen und Waschmaschinen. Zeugen von Umweltfreundlichkeit sind fotovoltaische Zellen auf den Häuserdächern und das Solarkraftwerk, das Ginostra mit Energie versorgt bzw. versorgen sollte.

Aber die Frauen? «Abbiamo tutto dalla Sicilia, con eccezione delle donne», betonte Freund Nino, während er eine Pizza in den glühend-heißen Ofen schaufelte und kühlen Catarratto trank. In der Loggia sitzend, schäkerten und kicherten die Damen. Eine lamentierte: «Ach, wie wenig Chancen haben doch wir Strombolanerinnen, das war früher anders.» Andere triumphierten: «Dafür wir aus Bergamo.» Von dorther stammen mehrere, vielleicht weil ihre alpine Herkunft verwandt ist mit der ungestümen Natur der Insel und deren Bewohner. Auch eine Deutsche und eine Schweizerin sind mit von der Partie, beide mit Einheimischen liiert.

Nach Einsetzen des Tourismus heirateten die Strombolaner vorwiegend Frauen aus deutschsprachigen Ländern oder aus Frankreich. Verschiedene sind unterdessen wieder heimgekehrt, von den Partnern getrennt oder geschieden. War der Machismo, dem die Herren noch immer gerne huldigen, daran schuld? Oder fiel nach stürmischer erster Liebe der Mangel an Kultur und Unterhaltung während der Wintermonate ins Gewicht? Einige Frauen haben jedoch Wurzeln geschlagen, Familien gegründet und betreuen ihre Kinder. Probleme gibt es allerdings bei der Einschulung. Nur die Primarschule erfüllt heutige Ansprüche. Für die weitere Ausbildung stehen Lipari, Milazzo oder Neapel zur Aus-

67

Ausnahme von der Regel: Heirat der Sizilianerin Rita mit dem Einheimischen Marco. Im weißen Jackett der renommierte Koch Zurro als Trauzeuge, mit der Schärpe in Nationalfarben Carlo Lanza, Delegierter der Gemeinde Lipari für Stromboli.

wahl. Es sei denn, Frau und Kinder verbringen die Schulzeit in ihrer alten Heimat und nur die Ferienzeit auf der Insel.

In den letzten zwei Jahrzehnten hat die Anzahl der Frauen aus Norditalien und Osteuropa zugenommen. Polinnen und Rumäninnen haben sich erstaunlich gut integriert, Italienisch gelernt, sind zu tüchtigen und loyalen Partnerinnen von Strombolanern oder eigenen Landsleuten auf der Insel geworden.

Ausnahmen von der Regel, «... con eccezione delle donne», sind gar nicht so selten. Im Herbst 2009 vermählte sich zum Beispiel Marco, ein echter Strombolaner, der Elektrotaxis virtuos durch die schmalen Gassen steuert, mit der Sizilianerin Rita. Sie lebt allerdings seit Jahren auf der Insel und hat mit ihrem Bruder einen Spezereiladen übernommen. Die Hochzeit war ein Fest wie aus Tausendundeiner Nacht alla Strombolana, der Schauplatz die Villa der Reederfamilie Rodriquez. Vater Mario holte seinen Sohn mit schwarzem Anzug und gelber Krawatte von einem Motorboot ab und ruderte ihn auf einer alten Fischerbarke zur Sandbucht. Am Fuß eines gezackten Lavafelsens wartete der Bräutigam auf seine Braut – in Gesellschaft von Carlo Lanza, der als Capo Quartiere di Stromboli eine Schärpe in den Landesfarben umgehängt hatte, sowie den Trauzeugen und Schaulustigen. Alle reckten neugierig ihre Hälse. Wie es sich gebührt, ließ die Braut lange auf sich warten. Endlich trippelte sie am Arm ihres Vaters herbei, in Hut und Schleier, Robe mit Schleppe und in hochhackigen Schuhen. Gemächlich stöckelte sie unter dem Hurrah der Gäste die Treppe hinab zur Bucht, wo sie Marco und ihr herausgeputztes Töchterchen empfingen. Unter Handharmonika- und Gitarrenklängen und stürmischem Applaus gaben sich die beiden das Ja-Wort. Der Capo Quartiere präsentierte die schriftlichen Dokumente, die vom Paar und den Zeugen unterschrieben wur-

den, worauf die frischgebackenen Eheleute durch einen Wald von Kuss- und Winkhänden ans Ufer schritten. In einem schnittigen Motorboot entschwanden sie auf schäumenden Wellen. Unter den Gästen an Land hob ein üppiges Tafeln an. Zurro, Trauzeuge und Meisterkoch, schwang die Kelle.

In grauer Vorzeit unterlagen Hochzeiten einem strengen Ritual, wie bestandene Insulaner gerne erzählen. Bei der Verlobung wurden die Zukünftigen im Elternhaus des Mannes auf zwei Stühle gesetzt, in respektvoller Distanz voneinander. Ein geistig Behinderter hatte zu überwachen, dass die zwei sich weder in die Augen schauten noch berührten. Sie erhielten ein hohles Canna-Rohr, um sich von Mund zu Ohr zu verständigen. Illusorisch insofern, als sich alle Jungen auf der Insel gegenseitig kannten. Mochten sie sich, auch damals kaum nur aufgrund des Pfahlrohrgeflüsters, sprach der Vater des Sohns beim Tochtervater vor. Gemeinsam wurden Mitgift und der Hochzeitstermin vereinbart. Waren die Familien jedoch miteinander verfeindet, gab es nur eine Lösung: Der Heiratswillige musste die Geliebte in gegenseitigem Einvernehmen rauben, wie man das nannte. Gemeinsam suchten die Verliebten das Weite. Das bedeutete unweigerlich, dass sie geheiratet hatten, auch wenn der kirchliche Segen noch fehlte. Ein Grund zur Versöhnung der zerstrittenen Familien war spätestens die Ankunft eines Enkels.

Übersichtsbild der Hochzeit, zelebriert in Präsenz des halben Dorfes auf einer Lavaklippe bei Ficogrande.

«PESCE FRESCO!»

«Fresco!», schallt es seit zwei Jahrzehnten durch die Gassen, so um die Mittagszeit, «pesce fresco! Vongole, totani, pesce spada!» – je nach Tag heiser oder scherbelnd, aber noch immer lautstark. Es ist Chruschtschow, der mit ungebrochener Vitalität am Steuer eines Ape durch die Gassen klappert und sein Meeresgetier feilbietet. Jeden Morgen ist er hier, sofern es der Seegang erlaubt, denn er kommt aus Lipari. Woher er seine Fische und Meeresfrüchte hat, bleibt rätselhaft. Sie sind, so konnten sich viele überzeugen, tatsächlich meist frisch, fresco.

Früher waren die Strombolaner Fischer und Bauern zugleich, mit Ausnahme der Padroni, die sich dem Transportgeschäft mit Segelschiffen verschrieben hatten, und der Matrosen in ihren Diensten. Jetzt gibt es nur noch drei bis vier reine Berufsfischer. Dazu kommen einige, die ihre Tätigkeit auf die Touristensaison beschränken und sonst als Maurer tätig sind. Morgens um acht Uhr wird der frische Fang am Strand von Scari angeboten, wobei die schmackhaftesten Fische oft an die Meisterköche Zurro und Stefano Oliva gehen, seis eine Meerbarbe oder ein Petersfisch (Zeus faber). Gaetano Cusolito kann man zuschauen, wie er den Fisch präpariert oder filetiert. In manchen Abendstunden tuckert

Der Fischverkäufer mit dem Übernamen «Kruscioff» (nach Chruschtschow, dem ehemaligen Präsidenten Russlands).

Früher zogen die Fischer auch vom Land aus grosse Netze ein (Scari).

71

er auf seiner Barke, mit dem Sohn und einer vollen Ladung Reusen, zu den Fischgründen. Sein Boot entspricht in Form und Farben der herkömmlichen Tradition. Die Reuse oder Nassa aus Korb- oder heute Drahtgeflecht ist zylinderförmig und hat einen trichterartigen Eingang, den das Opfer überwinden muss, um an den Köder zu gelangen, aber nicht mehr entwischen kann. Diese Nasse werden an Seilen ins Meer versenkt und über Nacht an Ort belassen. Gaetano ist mit einer deutschen Frau verheiratet und hat drei Söhne, die perfekt zweisprachig sind. Er ist ein wandelndes Lexikon über alles, was im Meer kreucht und fleucht. Unter anderem hat er uns rote und ein Exemplar der besonders kostbaren schwarzen Korallen gezeigt, die beinahe ausgestorben sind, zudem Seesterne, Schwämme und riesige Meeresschnecken.

Eine Delikatesse sind die äolianischen Kleincrevetten oder Gamberetti, die man geköpft, aber ungeschält in der Bratpfanne kurz röstet. Nino gelingt es gar, für ein Festmahl Langusten aufzutreiben. In erheblichen Tiefen soll es noch welche haben, kaum mehr an den Klippen, wo sie früher reichlich vorhanden waren.

Die Netze werden heute über ein Rad direkt an Bord des Boots gehisst, der Fang auf der Stelle aussortiert. Möwen sind dankbare Begleiter. Fischer, die große Netze an den Strand ziehen, sieht man heute kaum mehr. Das Bild stammt aus den Achtzigerjahren. Inzwischen ruhen die beiden Berufsfischer oben auf dem Camposanto.

Segler, Dampfer und Flügelboote

Mit einer gültigen Fahrkarte in der Tasche bummelten wir zum Porto di Napoli, wo wir uns bei der Schifffahrtsgesellschaft über die genauen Abfahrtszeiten der Fähre erkundigten. «Morgen?», wiederholten zwei Beamte unsere Frage und meinten, «morgen ist es ungewiss, ob das Schiff überhaupt fährt. In dieser Nacht wechselt der Fahrplan.» Auf den Einwand hin, am Vortag müsste der neue Fahrplan doch bekannt sein, zuckten die Herren die Achseln und grinsten. Auf die Vermutung, die Wahrscheinlichkeit müsse wohl groß sein, dass die «Piero della Francesca» auslaufe, kam die Antwort: «Ja, eine gewisse Wahrscheinlichkeit besteht schon, Sicherheit gibts aber erst, wenn das Schiff Kurs auf Neapel genommen hat.» Janusköpfig und in der Abendsonne glühend schaute der Vesuv auf die Szene herab.

Die Fähre legte an. Doch nicht nur der Fahrplanwechsel, auch ein Streik hätte sie von ihrem Dienst abhalten können, oder ein Defekt der Motoren. Nicht zu reden von Wellenkämmen mit Schaumkronen, die nicht nur Flügelboote, sondern sogar Fähren lahmlegen können. Wenn Äolus richtig loslegt, fühlt man sich im südlichen Mare Tirreno wie in einem Schüttelbecher.

Kramen wir zunächst in der Geschichte der Schifffahrt. Bis zum ausgehenden 19. Jahrhundert sicherten Segler, wie bereits dargelegt, die Verbindung zwischen dem Festland und den Äolischen Inseln. Erste Dampfschiffe aus Eisen und Stahl, die in England von Stapel gelaufen waren, nahmen zwischen 1870 und 1880 ihren Dienst auf. In Lipari und Messina wurde zu Beginn des 20. Jahrhunderts je eine Gesellschaft gegründet mit dem Ziel, die Verbindungen zwischen Neapel, Sizilien und dem Archipel durch Dampfschiffe zu gewährleisten. Mit staatlicher Unterstützung entstand 1925 die «Società Eolia di Navigazione». Ihr erstes Schiff, die «Santa Marina», verfügte über Luxuskabinen mit Salon sowie einfachere der zweiten und dritten Klasse. Wenig später kam die

Landung mit Schlauchboot auf der Spiaggia Lunga, als der übliche Landesteg von Scari am Versanden war.

Luigi Rizzo, zum Admiral beförderter Kapitän aus Milazzo. Ein früheres Schiff der äolischen Passagierflotte trug seinen Namen.

Das Dampfschiff «Eolo» hat vor Ficogrande Anker geworfen. Die Passagiere klettern über die Falltreppe ins Stehruderboot und werden an Land gerudert (6oer Jahre).

«Luigi Rizzo» hinzu, die den Namen des Fregattenkapitäns aus Milazzo erhielt. Rizzo hatte im Ersten Weltkrieg als Kommandant eines Torpedoboots das österreichische Schlachtschiff «MS Wien» versenkt, wurde zum Admiral befördert und in den Adelsstand erhoben. Ab 1936 verkehrte die «Eolo» in den tyrrhenischen Gewässern. Nicht für lange. Während des Zweiten Weltkriegs wurde sie von der italienischen Marine eingezogen und von den Engländern gekapert. Paradoxerweise erging es ihr deshalb besser als der «Luigi Rizzo», die im Kanal von Messina unterging und nach Friedensschluss gehoben werden musste. Nach dem Krieg von den Engländern zurückerstattet, nahm die «Eolo» den Passagierdienst wieder auf, und zwar bis in die Sechzigerjahre. Die zur selben Zeit eingesetzte «Panarea» wurde später durch die «Lipari» ersetzt. Diese hatte ein

Bordrestaurant mit livrierten Kellnern, wo sich genüsslich speisen und rätseln ließ, warum Goethe auf seiner Sizilienreise die Äolischen Inseln gar nicht beachtet, sondern geschlafen oder am Schauspiel «Torquato Tasso» geschrieben hatte. Für die Navigation verantwortlich war jetzt die «Navisarma», die zusätzlich die Zwillingsschiffe «Basiluzzo» und «Vulcanello» in Dienst stellte. Ihrerseits wurde sie 1976 von der «Siremar» übernommen, einer Tochtergesellschaft der «Tirrenia». Nun wurden große Fährschiffe angeschafft, hintereinander die «Piero della Francesca», die «Caravaggio» und die «Laurana». Letztere verkehrt momentan zweimal wöchentlich zwischen Neapel, den Inseln und dem sizilianischen Milazzo. Ihre Ankunft oder Abfahrt am Pontile von Scari bleibt stets ein Ereignis. Die Siremar betreibt aber auch Tragflügelboote, die den Nahverkehr mit Sizilien gewährleisten. In Konkurrenz zur subventionierten Gesellschaft steht die private «Ustica Lines». Ihr Service beschränkt sich auf Tragflügelboote, die Fahrten nach Sizilien anbieten. Im Hochsommer fahren auch Katamarane der «AliLauro» von Neapel zum Archipel.

Vor allem im Frühjahr, Herbst und Winter wüten gelegentlich Stürme, die ein Anlegen am Pontile von Stromboli unmöglich machen. Um relativ sicher das Reiseziel zu erreichen, schalten Kluge einen Puffertag ein. Denn es geht unter die Haut, wenn ein Tourist die Schalterbeamten beschimpft und mit dem

2010 fahren Lastwagen vom Landesteg Scari in den Bauch der Fähre «Laurana».

77

Argument bedrängt, für ihn als Geschäftsmann mit fixen Terminen sei die Abfahrt unaufschiebbar. Es müsse doch eine Möglichkeit geben, um heute und nicht erst morgen die Insel zu verlassen. Seit wenigen Jahren profitiert die «Air Panarea» von solchen Miseren. Falls die Winde die Inseln nicht derart zausen, dass auch die Flüge zu riskant sind, kann man einen ihrer Helikopter rufen. Allerdings kostet der Flug nach Catania, Lamezia Terme oder Reggio di Calabria mehr, als manchem lieb ist. Bei Schlechtwetter ist ferner daran zu denken, dass Schiffe verspätet eintreffen, aus Sicherheitsgründen aber auch vorzeitig abfahren dürfen.

Wie problematisch es umgekehrt sein kann, auf der Insel anzukommen, illustriert ein Tagesausflug zur Nachbarinsel. Auf dem Rückweg von Panarea drehte der Wind auf. Kumuli türmten sich in den blauen Himmel. Beim Betreten der Fähre schwappten bereits Wellen über die schiefe Rampe. Die Taue girrten. Es gab nasse Füße. Vor Stromboli blies der Scirocco so heftig, dass ein Landemanöver undenkbar war. Nach Hupstößen ließ der Kapitän abdrehen und verkündete am Lautsprecher: «Far operazione a Stromboli è impossible. Wir fahren direkt nach Neapel.» Die Häuser am Ufer wurden immer kleiner, zwei Mädchen im Vorschulalter realisierten, dass sie die Nacht auf hoher See verbringen mussten – ohne Nachthemd, Zahnbürste und Plüschaffe, dafür mit Brechreiz. Sie schluchzten. In der Morgenfrühe fuhr das Fährschiff in den geschützten Hafen von Neapel ein. Schwindlig torkelten die Passagiere an Land. Ostersonntag. Alle Geschäfte waren geschlossen, die Vitrinen hinter Rollläden versteckt, die Kirchenglocken riefen zur Messe. Nur der Gelati-Stand bot einen kleinen Trost. Nach einer weiteren Schaukelnacht auf der Fähre tauchte die vertraute Pyramide des Vulkans wieder auf. Die Landung gelang mit knapper Not. Da waren sie wieder, der schwarze Sand, Zahnbürste und Plüschtiere.

Ein Wal

Ein Artikel in der *Gazzetta del Sud* vom 21. September 1998, gekürzt und frei übersetzt, lautete: «Flügelboot stieß mit Finnwal zusammen. Unter den Passagieren brach Panik aus. Für 30 Sizilianer ein Abenteuer mit glücklichem Ende, während sie von der Äolischen Insel Lipari nach Messina und Reggio di Calabria fuhren. Vor Milazzo prallte das Aliscafo auf einen Wal von bemerkenswerten Dimensionen. Der außerordentlich heftige Schlag versetzte die Passagiere in Angst und Schrecken. Wer noch fähig war, in die Runde zu schauen, dem gruselte die Blutstraße im Kielwasser. Das Flügelboot hielt an und überprüfte seine Motoren. Fahrgast Vincenzo Oliva blieb kühl. In erheblicher Distanz sah er den Wal nochmals auftauchen und blasen. Seinerseits erwähnte der Kapitän des Aliscafo, er sei kürzlich zwei weiteren Finnwalen begegnet. Auf der Weiterfahrt musste er mehrmals anhalten, da etwas mit den Schrauben nicht stimmte. Mit erheblicher Verspätung, doch wohlbehalten erreichten die Passagiere den Hafen von Reggio di Calabria.»

Einmal hieß es am Ticketschalter von Lipari lakonisch: «Stromboli con riserva.» Die Fahrkarten wurden nur mit diesem Vermerk abgegeben. Die Frage, was das bedeute, wollten die Beamten nicht beantworten. Eine Strombolanerin klärte uns auf: Winterstürme hatten am Pontile von Scari so viel Sand abgelagert, dass eine Untiefe entstanden war. Nur bei Flut genügte der Wasserstand für eine Landung, bei Ebbe aber nicht. Das hieß, in Ginostra auszusteigen und auf privater Barke die Insel zu umrunden. Tatsächlich erwartete uns in Ginostra Paolo im Gummiboot mit Außenbordmotor. Da der Wind aus Süden wehte, war das Meer auf der Seite der Sciara ruhig und die Spiaggia lunga am Nordwestende von Piscità der logische Landeplatz. Hübsche Damen sprangen unter Brachialhilfe der Fischer ans Ufer. Zur Lösung des Problems in Scari wurde ein Baggerschiff angefordert. Zwei Wochen später schaufelte es den Pontile frei.

Wenn eines jener riesigen Containerschiffe weit draußen im Meer vorüberzieht, kann Roberto Savianos Buch «Gomorrha» zum Diskussionsthema werden. Nach Meinung des Schriftstellers gleicht der Hafen von Napoli einem entzündeten Blinddarm, der bisher noch nicht geplatzt ist. Ob und wann ein Notfall auftritt, soll niemand wissen, der Schmuggel blühen. Bestimmte Kisten an Bord der Containerschiffe werden – immer gemäß Saviano – schon außer-

Klippen von Piscità bei stürmischer See.

79

halb der Hafenmauern auf Kutter verladen und an Land geschafft. Unter Um-
gehung der Zollkontrolle und unter gütiger Mithilfe der Camorra gelangt die
Ware direkt in den EU-Raum. In China hergestellte Kleider, Turnschuhe oder
Handtaschen gehören dazu, versehen mit der Etikette «Made in Italy» oder mit
dem Namen eines illustren Modeschöpfers. Die Route nach Neapel führt durch
den Suezkanal und die Meerenge von Messina direkt an Stromboli vorbei.

Rasch den Feldstecher zur Hand, die italienische Kriegsmarine defiliert vor
der Küste. Hubschrauber schwirren wie Wespen um das Schlachtschiff, das mit
Kanonen und einer Abschussrampe für Raketen bestückt ist und von Zerstörern
eskortiert wird. Dahinter folgen Versorgungsschiffe. Das war 1987. Italien wollte mithelfen, Irans Absicht zu durchkreuzen, die Straße von Hormus und damit
den Ölexport zu unterbinden. Wie am Radio zu hören war, passierte bereits ein
amerikanischer Flugzeugträger den Suezkanal. Auf Stromboli kann man zum
Voyeur der Weltgeschichte werden.

Die Weltsituation widerspiegeln auch futuristische Jachten, etwa wenn die
Prinzen von Oman vor Ficogrande ankern. Weitere Zeichen der Zeit sind die
Kreuzfahrtschiffe, die immer häufiger der Inselküste entlang fahren. Hup-
signale verkünden den Gästen, dass es etwas Besonderes zu sehen gibt. Bei An-
bruch der Dämmerung erhellt ein Blitzlichtgewitter aus Hunderten von Foto-
apparaten den majestätisch dahingleitenden Palast. Kapitäne, die wissen, was
sich schickt, statten der Sciara del Fuoco einen Besuch ab: Denn Feuerfontänen
aus sicherer Distanz zu bewundern, schätzen auch verwöhnte Passagiere.

Fazit: Obwohl Federico Fellini in seinem Film verspricht «... e la nave va», kann
man auf Stromboli nur ankommen oder abfahren, «se il mare lo permette
(wenn es das Meer erlaubt)», wie sich Freund Lucio auszudrücken pflegt.

Containerschiff
auf dem Weg nach
Neapel.

Kreuzfahrtschiff
in der Abenddäm-
merung nahe der
Klippen von Piscità.

Die Jacht der Prin-
zen von Oman
ankert in der Bucht
von Ficogrande.

«Earth my body
Water my blood
Air my breath
Fire my spirit»

Altamerikanische Worte und Motto der Feuertänzer

«Basalt, der schwarze Teufelsmohr,
aus tiefster Hölle bricht hervor.»

Johann Wolfgang von Goethe

DER VULKAN

Zur Erdgeschichte der Insel

Beim Auftauchen des Stromboli vor mehr als 100 000 Jahren muss es ähnlich zugegangen sein wie bei der Geburt der Insel Fernanda zwischen Sizilien und Nordafrika (s. S. 18). Auch bevor Iddu die Sonne erblickte, quollen Dampf- und Rauchsäulen aus dem siedenden Wasser. Ab Seegrund hatte der Vulkan schon gut 2000 m an Höhe gewonnen und legte über dem Meeresspiegel nochmals um fast 1000 m zu. Die Spitze des Vancori ist 924 m hoch.

1831 tauchte die Vulkaninsel Fernanda zwischen Sizilien und Nordafrika auf (zeitgenössischer Stich).

Ob der Vulkan damit seine maximale Größe erreicht hat oder nicht, werden die nächsten Jahrtausende zeigen. Die Uhren der Erdgeschichte ticken unendlich viel langsamer als die der Menschheit. Tausend Jahre vergehen wie für uns Minuten. Ungewiss ist auch, ob der Berg sich nicht irgendwann selbst in die Luft katapultiert, wie der Krakatau in Indonesien oder der Santorin in Griechenland, unter Hinterlassung einer Caldera. Zuversichtlich mag stimmen, dass der 961 m hohe Monte Fossa delle Felci auf dem nahen Salina erloschen und in voller Größe erhalten geblieben ist, desgleichen der Monte dei Porri, sein Zwillingsbruder in perfekter Kegelform. Aber der Stromboli neigt zu Kollapsen.

Das Wachstum des Vulkans erfolgte in Etappen. Hintereinander entwickelten sich die Paläostromboli I, II und III. Noch aus der Zeit des Paläostromboli I stammen die Felsen von La Petrazza im Südwesten von Scari. Bei Morgenlicht beeindrucken die mächtigen Basaltschichten des Stratovulkans am meisten. Ein Bummel dorthin lohnt sich allemal. Jede der drei Paläostromboli-Phasen wurde durch einen Kollaps der zentralen Caldera beendet. Aus einer so entstandenen Mulde erhob sich vor rund 25 000 Jahren der Vancori. Dessen südlicher Caldera- oder Kraterrand bildet noch jetzt die höchste Spitze des Bergs. Nach den verschiedenen zentralen Kollapsen kam es zum ersten seitlichen: Im Nordwesten sackte ein Bergsektor ab, der etwas größer war als die heutige Sciara del Fuoco. Die aktiven Krater wurden dadurch in exzentrische Position verschoben. Drei weitere Seitenkollapse spielten sich innerhalb des schon abgesunkenen Nordwestteils der Insel ab. Sie veränderten die Topografie aber weit weniger. Vor zirka 6000 Jahren entstand die heutige Feuerrutsche, die auf der Seite von Labronzo oben vom Bastimento und unten vom Filo del Fuoco begrenzt wird. Die Rippe auf der Seite von Ginostra ist als Filo di Baraona bekannt. Das Material der Ausbrüche auf der Kraterterrasse führte zum Aufbau des Pizzo sopra La Fossa (892 m, auf früheren Karten mit 918 m angegeben). Die-

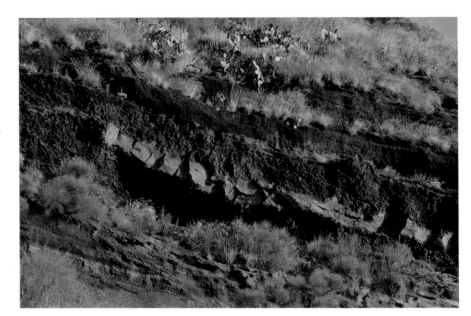

Paläostromboli-
Schichten, typisch
für den Strato-
oder Schichtvulkan
in La Petrazza,
südsüdwestlich
von Scari.

Pflänzchen in
einer Ritze des Lava-
gesteins.

ser lehnte sich südlich an Schichten des Vancori-Vulkans an. Gleichzeitig
wurden auf dem Timpone di Ginostra und auf Labronzo vorübergehend Satellitenkrater aktiv.

Erdgeschichtlich noch jünger sind die erstarrten Lavaströme aus zwei
Seitenkratern über San Bartolo. Mit der Karte des Freiburger Geologen Jörg
Keller vor Augen lassen sich die Position der Krater und deren Ergüsse identifi-
zieren. Der südlicher gelegene Schlot entsandte braunrote Lava, die durch die

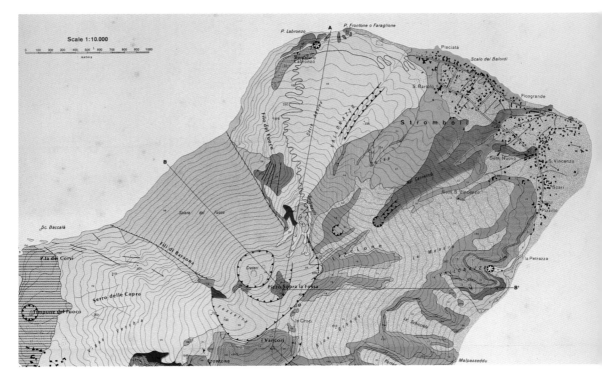

Witterung abgeschliffen und jetzt großenteils von Schutt bedeckt ist. Die Basaltschmelze aus einem Sciara-wärts und etwas höher gelegenen Seitenkrater (650 m) ist noch neueren Datums. Sie dürfte aus der Römerzeit stammen. Aus ihrem Material bestehen die spektakulären Klippen von Piscità, deren Felsen schwarz oder schwarzrot sind, kantig und noch wenig verwittert.

Diese über dem Meer aufgetürmten Lavariffe haben Romanautoren inspiriert. Da ist etwa zu lesen, dass eine Frau ihren Missetäter von hinten anschleicht und aus Kirchturmhöhe in die Brandung schubst. Rache kennt keine Gnade.

Wer unter Albträumen leidet, kann gelegentlich fantasieren, dass ein Seitenkrater über San Bartolo plötzlich sein rotes Maul aufklappt, Feuerströme kotzt und das Dorf ersäuft. Um sich zu retten, hilft dann nur noch ein Sprung ins Wasser oder das Aufwachen.

Geologische Karte von Jörg Keller und Mitarbeitern. Erstarrte Lavaströme über Piscità und Ficogrande prägen die Nordnordostflanke des Vulkans. Blau der Basaltstrom, Ursprung der Klippen von Piscità, rotbraun der südlicher gelegene Strom. Rosa dargestellt sind die nun von Vulkanschutt bedeckten Ströme.

FORMEN DER VULKANISCHEN AKTIVITÄT

Der Stromboli ist ein Stratovulkan. Wechselweise bestehen seine übereinanderliegenden Schichten aus erstarrter Lava oder verfestigtem Auswurfmaterial.

Seit ungefähr 300 v.Chr. übt der Vulkan nahezu kontinuierlich eine *strombolianische Tätigkeit* aus. Schon die alten Römer sprachen vom Leuchtturm des Mittelmeers, der den Schiffen den Weg zur Straße von Messina weist. Der letzte längere Unterbruch der Aktivität dauerte von August 1967 bis Mai 1968. Eine kürzere Feuerpause gab es 2007.

Die strombolianische Tätigkeit ist zu einem Standardbegriff der modernen Geologie geworden. Vom Osservatorio Labronzo, von der Punta 400 oder dem Pico sopra la Fossa aus lässt sich das Phänomen hautnah erleben. Ist der Vulkan normal aktiv und steckt nicht in Wolken oder Rauchschwaden, sieht man ungefähr alle zehn bis dreißig Minuten Feuergarben aus den Kratern schießen. Die Ausbrüche werden meist von Donnergrollen oder Paukenschlägen begleitet, von Rauch- und Dampfwolken. Je nach der Schubkraft in den Kaminen fliegen die Lavafetzen mehr oder weniger hoch in die Luft. Bogen beschreibend kulminieren sie auf bis zu 200 m Höhe. Dann fallen sie als Feuerregen nieder auf die Kraterränder, die rot aufglühen. Eine Bildsequenz illustriert den Ablauf eines typischen Ausbruchs. Nach den einzelnen Eruptionen, die zehn bis fünfzehn Sekunden andauern können, kollern Lavastücke über die Sciara del Fuoco hinab und platschen ins Meer. Dabei vollführen sie oft bizarre Sprünge.

Die Intervalle zwischen den einzelnen Eruptionen variieren stark. Ist Iddu besonders tatenlustig, spuckt er fast pausenlos oder alle paar Minuten, ist er müde, nur wenige Male pro Tag. Bei Tageslicht ist das Auswurfmaterial kaum sichtbar. Schon Déodat de Dolomieu hat im 18. Jahrhundert darauf hingewiesen, dass sich die Fontänen erst bei einsetzender Dämmerung rot anfärben. Nach einem besonders heftigen Ausbruch kann die aufsteigende Rauchwolke Pinienform annehmen. Selten bläst der Vulkan sogar einen Ring aus dem Krater wie Großvater auf der Ofenbank. Die Rauchfahne zeigt auch zuverlässig die Windrichtung an. Weist sie zur Sciara del Fuoco, weht der warme Scirocco.

Warum lässt sich der Pizzo sopra la Fossa trotz Feuersalven besteigen? Der Pizzo überragt die Terrasse mit den heute aktiven Kratern um zirka 150 m. Bei normaler strombolianischer Aktivität hagelt es auf dem Gipfel weder Schlacken noch Bomben. Nur bei einem ungewöhnlich heftigen Ausbruch, vor

Rauchwolke des Vulkans, z. T. in der seltenen Ringform.

Folgende Doppelseite: Abfolge einer einzelnen heftigen Vulkaneruption (von oben nach unten zu lesen): Auswurf von Lavabrocken, Herabstürzen auf Kraterrand und Umgebung und zuletzt Verglühen der Lavafetzen unter gleichzeitiger Eruption eines benachbarten Kraters (Aufnahmen im Abstand von wenigen Sekunden).

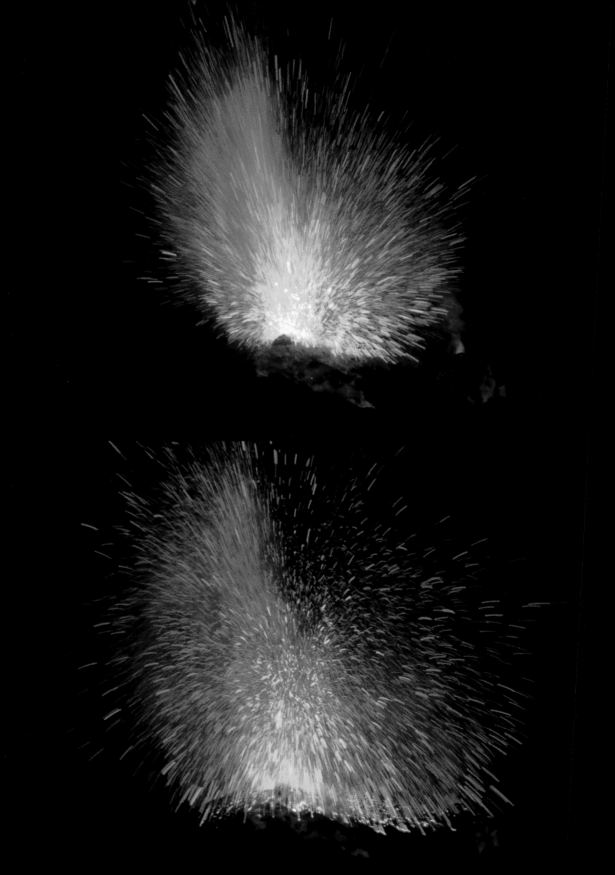

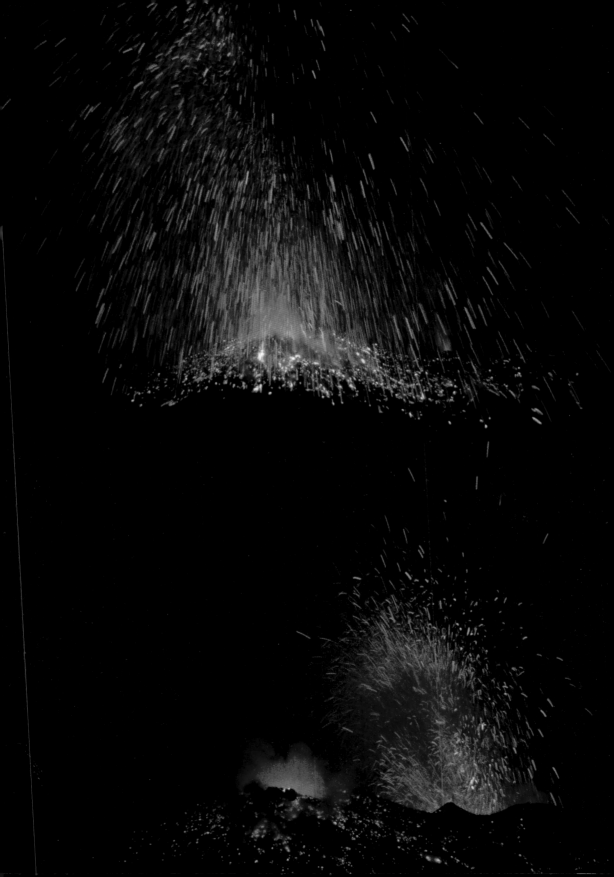

Nach einer Feuer-
garbe springen und
kollern halb erstarr-
te Lavabrocken über
die Feuerstraße
hinunter und plat-
schen ins Meer.

allem bei Paroxysmen, die gleich näher beschrieben werden, kann man oben Gefahr laufen, von einer Bombe getroffen zu werden. Die Bergführer verfügen über Erfahrung und die nötigen Informationen. Das Abenteuer im Allein-gang zu wagen gilt als unverantwortlich und kann eine Buße nach sich ziehen. Wird der Gipfel gesperrt, was 2011 mehrmals der Fall war, sind die einzig wegen der Besteigung angereisten Touristen enttäuscht. Begreiflich, denn das Feuer-werk von oben zu bewundern ist ein fest versprochener Bestandteil des Reise-programms.

Das flüssige Material, das aus dem Erdinneren über ein Kaminsystem zur Oberfläche steigt, nennt man Magma. Der geologischen Definition gemäß wird Magma zu Lava, sobald es ans Tageslicht gelangt. Im Gegensatz zu den täg-lichen Eruptionen ergießen sich *Lavaströme* nur alle 5–25 Jahre über die Sciara del Fuoco (s. S. 118). Wie in den folgenden Kapiteln ausführlich dargelegt wird, war dies letztmals 2002/03 und 2007 der Fall – nach einer langen Phase rein strombolianischer Tätigkeit. Auch in anderen Jahren, zuletzt im Juli 2011, floss kurz Lava über einen Kraterrand der Terrasse oder aus einem Seitenkrater. Die geförderte Menge war jedoch so gering, dass sie das Meer bei Weitem nicht erreichte. Im 20. Jahrhundert ereignete sich die letzte aufsehenerregende Periode mit Lavaergüssen 1985/86.

An der Oberfläche schon erstarrte, darunter dünnflüssige Schmelze, die aus dem Vulkan Kupaianaha auf Hawaii kilometerweit in den zischenden pazifischen Ozean fließt.

Hawaii

Die Vulkane auf Hawaiis Big Island haben Schildform. Ihre Bergflanken weisen wenig Neigung auf. Dafür verantwortlich ist die geringe Viskosität der Lava. Sie hat eine sehr hohe Temperatur (über 1000 °C) und ist relativ arm an Silikonen. Breite Lavaströme rinnen fast wie Wasser kilometerweit bis zum Meer. Oft wird die hohe Flussgeschwindigkeit zusätzlich durch Tunnelröhren begünstigt, die sich unter der bereits erstarrten Stromoberfläche bilden. Darin kühlt sich die Lava weniger stark ab. Wie 1990/91 kann sie weit von den Krateröffnungen entfernte Siedlungen und Straßen überfluten.

Der Mauna Loa, der Kīlauea und seine Trabanten gehören zu den aktivsten Vulkanen der Welt. In den letzten Jahrzehnten wars vor allem der PuʻuʻŌʻō mit dem danebenliegenden Kupaianaha. Im Halemaʻumaʻu, der zur Caldera des Kīlauea gehört, brodelte ein Lavasee während eines ganzen Jahrhunderts (1823–1924). Wie die Mythologie uns lehrt, haust darin Pele, die Vulkangöttin. An sie glauben die Südseeinsulaner umso mehr, als sich der glühende See 2008 erneut gebildet hat. «Peleʻs Hair» nennen Fachleute dünne Fäden aus Vulkanglas, die über einen Meter lang werden können. Mit etwas Glück findet man sie in der Nähe frisch erkalteter Pahoehoe-Lava, wie die dünnflüssige Schmelze in der Sprache der Hawaiianer heißt. Im Gegensatz dazu steht die Aa-Lava, die klebriger ist und langsamer fließt.

Die Vulkane auf Hawaii wachsen über einer Schwachstelle der Erdkruste – im Gegensatz zu Südeuropa, wo der Aufstieg von Magma durch zwei sich übereinanderschiebende Kontinentalplatten begünstigt wird. Der noch aktive Mauna Loa ragt mehr als 4000 m aus dem Meer, ebenso sein erloschener Nachbar Mauna Kea, auf dem Astronomen mit Riesenteleskopen das Firmament absuchen. Ab Seegrund messen die beiden über 10 000 m und sind somit höher als der Mount Everest.

Wo sich niemand hinwagen sollte: Gebilde aus Schwefelkristallen auf der Kraterterrasse (1953, Daniel Holzer und Denis Bertholet).

Rechts näherten sich die beiden allein durch Helme geschützt einem Schlot mit brodelndem Lavasee, aus dem oft Feuergarben schossen (s. S. 53).

Die Schmelze des Stromboli ist viskos, d.h. zähflüssig, ihr Silikongehalt hoch und ihre Temperatur relativ niedrig (700–900 °C). Deshalb ist ihre Flussgeschwindigkeit vergleichsweise gering. Auf der Feuerrutsche kriecht die rote Schlange zuoberst rascher, weiter unten immer langsamer, da sie sich zusehends abkühlt und damit klebriger wird. Stauen sich Fronten auf, brechen davon immer wieder halb erstarrte Blöcke ab, die den Weg zur See in Sprüngen zurücklegen. Viskose Lava führt zur Bildung von steilen Bergflanken, charakteristisch für die Äolischen Inseln, den Ätna und den Vesuv.

Am 8. September 1998 saßen wir gemütlich beim Abendessen und wickelten Spaghetti alla Strombolana um die Gabel. Plötzlich ein urweltlicher Knall, als hätte der Blitz ins Dach geschlagen. Flugs rannten wir die Außentreppe rauf und spähten bergwärts. An mehreren Orten über San Bartolo begann der Buschwald zu brennen. Flammen züngelten, es knisterte und knackte. Eine Rauchwolke stieg hoch in den Himmel. Iddu hatte offensichtlich mit Riesengewalt glühende Bomben aus den Kratern geschleudert. Lauwarme Asche und Lapilli rieselten auf unsere Köpfe. Bei jedem Schritt knirschte es unter den Sohlen. Wir klaubten spitzkantige Lapilli aus den Haaren, erstarrte Lavapartikel von 4 bis 10 mm Durchmesser.

Auf die Hänge über San Bartolo gestürzte Lavabomben, die 1998 die Macchia in Brand setzten.

Der erdwissenschaftlichen Definition entsprechend messen Lapilli zwischen 2 und 64 mm. Was darunter liegt, zählt zur Asche, was größer ist, zu den Blöcken oder Bomben. Je leichter und kleiner die ausgeworfenen Partikel sind, desto weiter fliegen sie. Sogar bei üblicher Vulkanaktivität muss fast täglich Hof und Terrasse von Asche frei gewischt werden.

Beim beschriebenen Ereignis handelte es sich um einen typischen *Paroxysmus*, wie er auf Stromboli bis zu dreimal pro Jahr vorkommt. Dabei werden Lavabomben ausgeworfen, die im Extremfall sogar auf bewohnte Zonen fallen können. Was liegt einem Paroxysmus zugrunde? Vulkanologisch gut analysiert wurde derjenige vom 15. März 2007. Während damals Lavaströme aus einem frischen Nebenkrater über die Sciara del Fuoco flossen, verstopfte der mündungsnahe Teil eines der Schlote. In den tieferen Abschnitten des Kamins erhöhte sich der Druck. Sobald ein kritisches Niveau übertroffen war, flogen der Pfropf und das dahinter aufgestaute Magma in die Luft. Zum Vergleich denke man an den Zapfen beim Öffnen einer Champagnerflasche.

Bei Paroxysmen zersplittert der Pfropf. Zuerst jagt es die Bruchstücke als solide Brocken aus dem frei gesprengten Krater, darauf folgen glühende Lavabomben, die manchmal weit in die Runde gestreut werden. Rauch und Dampf steigen kilometerhoch in den Himmel. Die Dampfbeimischung kommt wahrscheinlich dadurch zustande, dass Oberflächen- oder Meerwasser über Ritzen ins Kamin eindringt und sich mit Magma vermischt. So erhöht sich der Druck zusätzlich und trägt zum Entstehen eines Paroxysmus bei.

Wie das Ereignis vom September 1998 zeigt, sind Paroxysmen nicht an Phasen mit Lavaströmen gebunden, kommen jedoch häufig in diesem Rahmen vor. Die Vulkanologen verfügen weiterhin über keine biophysikalischen Vorboten, aufgrund derer sie Paroxysmen zuverlässig voraussagen und davor warnen können. Daher ist eine Gipfelbesteigung nie völlig gefahrlos. Sich auf Straßen und Autobahnen zu begeben bleibt allerdings bedeutend gefährlicher.

Eine äußerst seltene Erscheinung auf Stromboli ist ein *Lahar*, wie man den Schlammstrom aus Schlacken, Lapilli und Asche nennt. Ebenso selten sind Glutwolken und Tsunami. Während des Großausbruchs von 1930 sammelte sich gipfelnah über San Bartolo so viel Auswurfmaterial, dass dieses abrutschte und als Lahar das Vallonazzo genannte Tal neben der Kirche verwüstete. Dabei verloren drei Menschen ihr Leben (s. S. 108). Zur Erinnerung: In Kolumbien schmolz 1985 bei einem Ausbruch des 5389 m hohen Nevado del Ruiz das Gletschereis. Schmelzwasser und Schutt vermengten sich zu einem mächtigen Schlammstrom, der über 47 km durch ein enges Tal hinabdonnerte. An dessen Ausgang verschüttete er die Stadt Armero und begrub über 22 000 Menschen. Zu einem verheerenden Lahar kam es auch 1980 beim Ausbruch des Mount Saint Helens im Nordwesten der USA.

Glutwolken, Nuées Ardentes oder pyroklastische Ströme – drei Synonyme für dasselbe Phänomen – sind brandgefährlich. Sie bestehen aus einem Feststoff-Gas-Gemisch, das bei explosiven Eruptionen auftritt und mit hoher Geschwindigkeit glutheiß zu Tal saust. Es war eine Glutwolke, die 1991 den berühmten französischen Vulkanologen Katia und Maurice Krafft am Unzen in Japan das Leben kostete. Hoch über ihnen platzte ein Lavadom und löste eine Nuée Ardente aus, die blitzschnell herabfuhr und die beiden bei Filmarbeiten überraschte. Auch am Stromboli kommen Glutwolken vor. Sie beschränken sich aber auf den Sektor der Sciara del Fuoco.

Dass ein *Tsunami* 2002 Schäden auf Stromboli angerichtet hat (s. S. 114), blieb in der Öffentlichkeit weitgehend unerwähnt. Zu einem Begriff wurde der japanische Ausdruck erst, als 2004 eine extrem hohe Flutwelle Indonesien heimsuchte und 230 000 Todesopfer forderte. Ursache des Unglücks war ein starkes Seebeben im Indischen Ozean. Seither ist das Wort Tsunami in aller Munde, erst recht seit der bisher letzten katastrophalen Flutwelle, die 2011 in Fukushima nicht nur unzählige Menschenleben auslöschte, sondern auch Atomkraftwerke beschädigte.

Anlässlich desselben Paroxysmus regnete es Lapilli auf Piscità und dessen Bewohner im Freien.

KALTBLÜTIGE VULKANFORSCHER

Als Vorläufer der heutigen Vulkanologen, die sich schon im 18. Jahrhundert mit dem Vulkan Stromboli befasst haben, gelten William Hamilton, Déodat de Dolomieu und Lazzaro Spallanzani.

Sir William Hamilton (1730–1803) wirkte als englischer Botschafter im Königreich Neapel, wo er sich u.a. vulkanologisch betätigte und über Vesuv und Stromboli forschte. Nachdem seine Frau früh verstorben war, heiratete er 61-jährig in zweiter Ehe die 26-jährige Emma Lyon, die ein bewegtes Leben in London hinter sich hatte. Goethe traf die beiden auf seiner Italienreise und war offenbar von Lady Emmas Schönheit und schauspielerischem Talent hingerissen. Später bezirzte die Frau auch den Helden von Trafalgar, Horatio Nelson, mit dem sie durchbrannte und zwei Kinder hatte.

So stellte William Hamilton 1776 den Vulkan dar.

Sir William Hamilton mit seiner kapriziösen Frau Emma.

Goethe in Neapel

In Goethes *Italienischer Reise* (1786–1788) steht: «Der Ritter Hamilton, der noch immer als englischer Gesandter hier lebt, hat nun, nach so langer Kunstliebhaberei, nach so langem Naturstudium, den Gipfel aller Natur- und Kunstfreude in einem schönen Mädchen gefunden. Er hat sie bei sich, eine Engländerin von etwa zwanzig Jahren. Sie ist sehr schön und wohlgebaut. Er hat ihr ein griechisch Gewand machen lassen, das sie trefflich kleidet, dazu löst sie ihre Haare auf, nimmt ein paar Schals und macht eine Abwechslung von Stellungen, Gebärden, Mienen usw., dass man zuletzt wirklich meint, man träume.»

Déodat de Dolomieu (1750–1801), Spross einer französischen Adelsfamilie im Dauphiné, wandte sich nach Abenteuern als Malteserritter der Mineralogie zu. 1776 betrieb er geologische Studien auf Sizilien, wohin er 1781 zurückkehrte und sich zu den Äolischen Inseln rudern ließ. Als Erster erkannte er deren vulkanischen Ursprung und beschrieb mit meisterhafter Beobachtungsgabe die Tätigkeit des Stromboli. Die nächtlichen Eruptionen genoss er vom Schiff aus und kletterte bei Tag auf den Pizzo sopra la Fossa. Später lehrte er an der École Nationale de Paris Mineralogie und Geologie. Gegen Ende seines Abenteurerlebens charakterisierte er das Dolomitgestein, das seither seinen Namen trägt.

Der Jesuit und Professor für Naturgeschichte in Pavia, *Lazzaro Spallanzani* (1729–1799), war zur Zeit von Hamilton und Dolomieu aktiv. Der Universalgelehrte erzielte u.a. auch Fortschritte in der Humanphysiologie. 1788 besuchte er den Vesuv und die Äolischen Inseln. Vier Jahre später legte er die Ergebnisse seiner Studienreise in Buchform nieder, wobei er den Vulkan Stromboli fantasievoll porträtiert hat. Auch Hamilton sah auf dem Timpone di Ginostra feuerspeiende Nebenkrater, die es zu jener Zeit längst nicht mehr gab (s. S. 98). *Ravioli* wiederum stellte den Stromboli 1832 stark überhöht und mit viel zu steilen Flanken dar. Die Zeit war noch nicht reif für objektive Beobachtungen. Das trifft am wenigsten zu für Dolomieu und *Jean-Pierre Houël* (1735–1813), den Zeichner und Maler des französischen Königs, der die Vulkanausbrüche künstlerisch wertvoll und recht realistisch graviert hat.

Erst als sich das naturwissenschaftliche Denken der Moderne gegen Ende des 19. Jahrhunderts durchzusetzen begann, wurden naturgetreue Darstellungen allgemein Usus. Ein herausragendes Beispiel dafür sind die reich illustrierten acht Bände über die Äolischen Inseln von *Erzherzog Ludwig Salvator*, einem Abkömmling des italienischen Zweigs der Habsburger. Sie erschienen 1893–1896 in Prag. Der Erzherzog fühlte sich weder zu einer Beamten- noch zur Militärlaufbahn berufen. Als passionierter Forschungsreisender kreuzte er mit seiner Jacht *Nixe* (s. S. 43) durchs Mittelmeer und widmete jeder der sieben Äolischen Inseln einen eigenen Band, den achten dem Archipel als Ganzem.

Zur gleichen Zeit erwachte die Geologie der Neuzeit. Markante Vertreter, die sich mit Vulkanologie und dem Stromboli befassten, waren der Engländer John Wesley Judd (1840–1916), die Italiener Giuseppe Mercalli (1850–1914) und Annibale Riccò (1844–1919) sowie die im selben Jahr geborenen Amerikaner Henry Stephens Washington (1867–1934) und Frank Alvord Perret (1867–1943).

Der Älteste unter den Erwähnten war der Engländer *John Wesley Judd*. Sein Hauptinteresse galt der Petrologie. Zuerst arbeitete er als Laborant in der Eisen- und Stahlindustrie, dann für den British Geological Survey. 1875 verschaffte ihm sein Werk über die Geologie englischer Provinzen den Ruf auf eine Professur an der Royal School of Mines. Nun begannen ihn die Vulkane zu faszinieren, darunter der Stromboli, den er wie Erzherzog Ludwig Salvator recht realistisch gravieren ließ. 1881 erschien sein Buch mit dem Titel «Volcanoes, what they are, and what they teach». Er gehörte zu den wenigen, welche bereits die Bedeutung submariner Vulkane (Seamounts) erkannten. Die Einleitung zu Charles Darwins Publikation über die Korallenriffe stammt ebenfalls aus seiner Feder.

Einen besonderen Platz nehmen die Italiener Giuseppe Mercalli und Annibale Riccò ein. Beide wurden in Mailand geboren, entfalteten aber ihre Haupttätigkeit in Süditalien. *Annibale Riccò* (1844–1919) wurde nach dem naturwissenschaftlichen Studium an der Universität Modena zum Professor für Physik nach Neapel berufen, darauf nach Palermo, wo er sich zusätzlich mit Astronomie befasste. 1890 erhielt er in Catania den ersten Lehrstuhl Italiens für Astrophysik. Mit dieser Stelle verbunden war die Aufgabe, den Ätna zu überwachen. Dabei lernte er Mercalli kennen, Professor für Geologie an derselben Universität. Zusammen besuchten sie 1891 den Stromboli und publizierten über dessen explosive und eruptive Aktivitäten. Der Text erfüllt moderne Anforderungen. Wie aus den Zeichnungen und Fotografien hervorgeht, ergossen sich damals vier Lavaströme über die Sciara del Fuoco.

Giuseppe Mercalli (1850–1914) wurde wegen seiner Skala zur Beurteilung von Erdbebenstärken international berühmt. Obwohl er inzwischen nicht mehr auf Sizilien, sondern in Neapel Vulkanologie und Seismologie lehrte, beeindruckte ihn das zerstörerische Beben von Messina 1908 derart, dass er seiner zehnstufigen Skala zwei weitere hinzufügte. Die Katastrophe, die Tausende von Opfern forderte, reihte er in die zwölfte ein. Mercallis Hauptwerk befasste sich indessen mit den Vulkanen («Vulcani attivi della terra», 1907). Darin trug er das gesamte, damals vorhandene Wissen zusammen. Er war sogar über Hawaii informiert. In Neapel, wo er wegen seiner ruhigen und bescheidenen Art verehrt wurde, kam er 1914 bei einem Wohnungsbrand ums Leben.

Die Forscher *Frank A. Perret* (1867–1943) und Henry S. Washington sind Zeugen des Aufbruchs von Amerika während des ausgehenden 19. und frühen 20. Jahrhunderts, ihre Interessens- und Wirkungsbereiche vielfältig. Perret tat sich als Unternehmer, Erfinder und Vulkanologe hervor. Nach dem Physikstudium in New York arbeitete er bei Thomas Edison an der Entwicklung von Motoren. Bald gründete er seine eigene Firma, erfand und vertrieb einen speziellen Elektromotor. Aus gesundheitlichen Gründen suchte er Italien auf, wo er sich mit dem Chef des Observatoriums in Neapel befreundete und für Vulkanologie begeistern ließ. 1906 bis 1921 forschte er am Vesuv, der sich gerade in einer eruptiven Phase befand. Seine Ergebnisse hielt er in einer Monografie fest. Im Herbst 1915 verbrachte er drei Wochen auf Stromboli und schrieb: «The recent phase of exceptional activity is a true eruption in the full sense of being both effusive and explosive.» Dreimal bestieg er den Gipfel – gemäß «The New York Times» hielten ihn die Einheimischen für verrückt – und beobachtete die nächtliche Tätigkeit vom Meer aus. Fast täglich war er auf Labronzo anzutreffen, wo er gar in einen Hagel von Lavabomben geriet. Später errichtete er in Hawaii mit Gleichgesinnten ein vulkanologisches Observatorium. Doch als der Mont Pelée 27 Jahre nach seinem verheerenden Ausbruch von 1902 wieder aktiv wurde, zog es ihn nach Martinique. Zurück in den USA, begann er mit mehreren Büchern gleichzeitig, die leider unvollendet blieben.

Henry S. Washington (1867–1934) verwandelte als 12-Jähriger ein «Smokehouse» seiner Familie in ein chemisches Labor. In Yale schloss er in Physik ab, erhielt 1893 den Doktorhut in Leipzig und wandte sich Analysen von Eruptivgestein zu. 1903 publizierte er sein Werk «Chemical analyses of igneous rocks», das die Untersuchungsresultate an über 8000 Steinmustern enthält. In der amerikanischen Hauptstadt Washington beteiligte er sich an der Gründung von Carnegie's Geophysical Laboratory. 1914 reiste er zu den südeuropäischen Vulkanen. Auch auf Stromboli sammelte er Proben von Eruptivgestein. 1917 veröffentlichte er eine Arbeit über die aktiven Krater unterhalb des Pizzo sopra la Fossa und bewies damit, wie sehr ihn auch die Dynamik der Vulkantätigkeit interessierte. Sein Sprachtalent war für einen Amerikaner erstaunlich. Er konnte sich in Deutsch, Französisch, Italienisch, Spanisch, Griechisch und Arabisch unterhalten, war weltgewandt und amüsant, was schon sein Porträt erahnen lässt.

Henry S. Washington, amerikanischer Vulkanologe im frühen 20. Jahrhundert.

Mitarbeiter des französisch-russischen Vulkanologen Haroun Tazieff, die 1949 auf der Kraterterrasse ein Schwefellager freilegten.

Centro Operativo Avanzato (COA) über San Vincenzo, die Basis der modernen Vulkanologen und Zivilschützer auf Stromboli. Sie überwachen die Vulkantätigkeit rund um die Uhr (s. S. 115).

Haroun Tazieff (1914–1998) weilte 1949 erstmals auf Stromboli. Mit ihm begann die moderne Vulkanologie. In Warschau als russischer Staatsbürger geboren, emigrierte er nach Frankreich, wo er bis zum Minister für Katastrophen-Prävention aufstieg. Der Vulkanvirus hatte ihn während eines Aufenthalts in Zentralafrika gepackt, am Krater des Nyiragongo mit dem brodelnden Lavasee. Aber Süditalien war einfacher zu erreichen. Die ersten wissenschaftlichen Studien widmete er dem Stromboli, wo er die Temperaturen in Schwefellagern und den CO_2-Gehalt ausgestoßener Gase maß sowie die Ausschläge eines Seismometers registrierte.

Guy de Saint-Cyr, auch er ein prominenter Vulkanologe aus Frankreich, hatte 1969 ein schreckliches Erlebnis auf Stromboli. Einer seiner Kameraden wurde im Hexenkessel der Kraterterrasse von einer glühenden Bombe erschlagen. Bei der Leichenbergung wähnte er sich im Inferno, was er in seinem Buch folgendermaßen schildert (in freier Übersetzung): «Getrieben von der explosiven Gewalt der Gase schoss ein Feuervorhang hoch, der sich über unsere Köpfe hob und in sich zusammenstürzte. Bomben pfiffen über uns hinweg und schlugen neben uns in die schwarze Asche ein, dass es nur so stob. Während wir den Leichensack schleppten, prallten faustgroße Lavafetzen auf unsere Helme. Mühsam zügelten wir unsere Reflexe, weigerten uns zu fürchten.»

Gegenwärtig beteiligen sich mehrere italienische Universitäten an der Erforschung der Vulkanaktivitäten. Wie erwähnt, überwachte das Institut für Geophysik und Vulkanologie in Catania schon zu Riccòs und Mercallis Zeiten die Tätigkeit von Ätna und Stromboli. Mitherausgeberin des Bandes «The Stromboli Volcano, an integrated study of the 2002–2003 eruption» ist Sonia Calvari, die diesem Institut angehört. Seit Jahren sind aber auch Vulkanologen aus Pisa unter Mauro Rosi und aus Florenz unter Maurizio Ripepe auf der Insel tätig. Hinzukommen Studien der Römer Franco Barberi, Roberto Scandone und deren Mitarbeiter, wie aus der Spezialausgabe einer wissenschaftlichen Zeitschrift über den Ausbruch von 2007 hervorgeht.

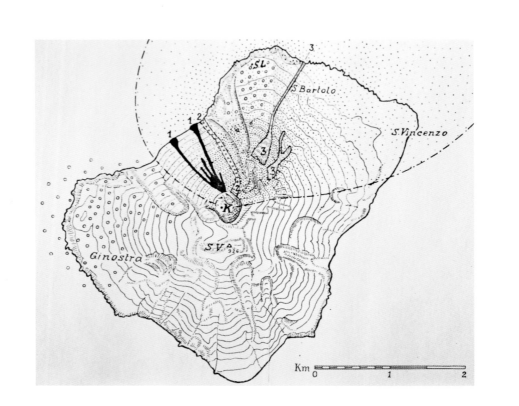

DER AUSBRUCH VON 1930

*A*lfred Rittmann, der damals im Vulkanologischen Institut von Neapel arbeitete, inspizierte vom 9. bis 27. August 1930 den Vulkan mit der ihm eigenen Akribie, kurz bevor dieser am 11. September ungewöhnlich heftig ausbrach. Ihm verdanken wir genaue Kenntnisse über die Aktivität, die dem Großereignis vorausging. Auf der Terrasse unterhalb des Pizzo sopra la Fossa zählte er neun aktive Krater, sechs in einer nordöstlichen und drei in einer südwestlichen Hauptgruppe. Sie warfen in unregelmäßigen Intervallen glühende Schlacken aus.

Wieder zurück in Neapel, erfuhr Rittmann von der Eruption am 11. September. Prompt kehrte er auf die Insel zurück. Ab 27. September untersuchte er die Folgen des Ausbruchs und befragte Zeugen. Ohne Vorboten war um 08.10 Uhr eine dunkle, wirbelnde und rollende Aschewolke hoch in die Luft gestiegen. Zuerst schien sich der Vulkan wieder zu beruhigen. Aber um 09.52 Uhr erschütterten hintereinander zwei ungemein heftige Explosionen die Insel. Sie waren von Erdstößen begleitet. In San Vincenzo und San Bartolo hörte man nur ein unheimliches Pfeifen. Offensichtlich wurden die direkten Schallwellen abgeschirmt. Im 40 km entfernten Lipari vernahm man jedoch lautes Donnergrollen, wie der Schweizer Kunstmaler Edwin Hunziker mitteilte. Über dem Vulkan bildete sich eine riesige Rauchwolke, die in der Höhe eine Pinienform annahm. Oberhalb von Labronzo befand sich während des Ausbruchs ein gewisser Foltz, dessen Äußerungen Rittmann wörtlich wiedergibt: «Da, eine neue Eruption, direkt vom Berg her. Fast gleichzeitig ein fürchterliches Prasseln und Rutschen. Der Berg ist oben dicht umwölkt, und das Prasseln kommt mit rasender Geschwindigkeit näher. Und nun geht ein Trommelfeuer los: Rechts und links, vor mir und hinter mir schlagen die Geschosse ein, Steine in der Größe einer Faust bis zur Größe eines gefüllten Rucksacks. Immer dichter und dichter.» Foltz suchte Schutz hinter Baumstämmen. «Es wird immer dunkler. Die Einschläge werden noch stärker. In den Ästen kracht und splittert es. Eine dicke Sandwolke senkt sich herab, und es ist pechschwarze Nacht. Düsterrote Flammen schwelen durch die Sandwolken. Die glühenden Lavafetzen haben das trockene Gras und die Rohrpflanzungen entzündet. Die Luft wird brühheiß, dicker Sand hängt in der Luft und der Atem geht schwer.» Als der Geschosshagel nachließ, flüchtete Foltz nach San Bartolo. Er schätzte sich glücklich, überlebt zu haben, denn ein Einwohner von San Vincenzo wurde auf Labronzo unweit von ihm erschlagen.

Vulkantätigkeit während des Großausbruchs von 1930 gemäß Alfred Rittmann: 1 und 2 bezeichnen Lavaströme auf der Sciara del Fuoco, 3 den Lahar, der neben der Kirche von San Bartolo ins Meer sauste. Die Kreise bezeichnen das von Bomben übersäte Gebiet, die Punkte Zonen mit kleineren Partikeln.

Das Auswurfmaterial der ersten starken Eruption bestand vorwiegend aus bereits verfestigtem Gestein. Offenbar wurden Schlote freigesprengt, Bomben und Schlacken bis nach Ginostra geschleudert. Sie beschädigten Häuser, forderten aber keine Opfer. Bei der zweiten Eruption flogen glühende Brocken auf San Bartolo. Laut einer Mär soll eine Madonnenfigur Wunder vollbracht haben: Auf dem Dach der Casa Balordi thronend, lenkte sie eine Bombe so ab, dass diese über sie hinwegflog und sich am Haus gegenüber in die Außentreppe bohrte.

Hoch über dem Dorf häuften sich Schlacken, Lapilli und Asche zu einer meterdicken Schicht, die schließlich in hohem Tempo brandheiß zu Tal fuhr. Der Lahar – oder war es eher eine Glutlawine? – ergoss sich ins tief erodierte Vallonazzo, das neben der Kirche von San Bartolo vorbeiführt und ins Meer mündet. Drei Menschen wurden erfasst. Später fand man ihre verkohlten Leichen. Wo die Geröllmassen ins Meer flossen, begann es zu brodeln. Ein Mann wurde derart verbrüht, dass er noch in den Abendstunden seinen Brandwunden erlag. Der Ascheregen dauerte länger an als der Auswurf von Schlacken. Schließlich bedeckte eine 10–12 cm dicke Schicht Dörfer und Fluren.

Beben lösten einen Tsunami aus. Zuerst wich das Meer an den flachen Stränden etwa 50 m zurück. Der Meeresspiegel sank um einen Meter ab. Nach einer Weile überflutete eine gut zwei Meter hohe Welle die Küste. Ein alter Mann fand den Tod durch Ertrinken.

Unmittelbar auf die explosive folgte eine effusive Episode. Über den nordöstlichen und zentralen Teil der Sciara del Fuoco flossen zwei Lavaströme ins Meer, die bald versiegten. Während der Nacht bildeten sich zwei neue Lavaarme, die aber stecken blieben, ohne das Meer zu erreichen. Eine derart kurz dauernde Erguss-Phase ist im Rahmen großer Ausbrüche eher die Ausnahme. Im Grunde genommen handelte es sich um einen ungemein heftigen Paroxysmus.

Interessant sind Rittmanns Angaben über die Veränderung der Kraterterrasse, die der Ausbruch hervorrief. Seine detailgetreuen Zeichnungen legen davon Zeugnis ab. Mehrere Krater verschwanden, andere hatten sich neu geöffnet. Die Terrasse mit den aktiven Kratern sackte um circa 70 m ab.

Rittmann ließ die bei der Explosion ausgeworfenen Lapilli, Schlacken und Bomben mineralogisch analysieren. Der Silikatanteil lag bei 50 %. Aluminium-, Eisen- und Magnesiumoxide kamen ebenfalls häufig vor. Das Auswurfmaterial war wegen der reichlichen Gasbeimengung hochporös, sodass es beim Aufprall häufig zersplitterte. Allerdings waren die größten, kompakt gebliebenen Bomben schätzungsweise 30 Tonnen schwer. Am Ort des Einschlags hinterließen sie imposante, runde bis ovale Trichter.

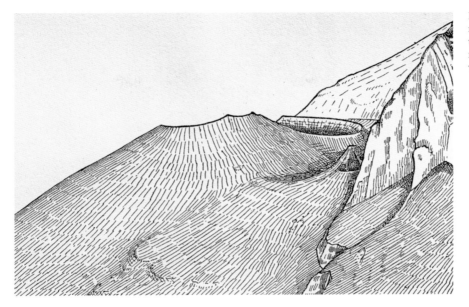

Rittmanns Zeichnungen der Kraterterrasse vor und nach dem Ausbruch von 1930.

Beim Ausbruch von 1930 dauerte die Effusionsphase wie gesagt zwar nur kurz, doch die Gewalt der beiden Explosionen und die Mengen des ausgeworfenen Materials übertrafen das Übliche bei Weitem. Neben sechs Getöteten gab es mindestens zwanzig Verletzte. Zudem wurden die Gärten und jene Reben, die von Reblausschäden verschont geblieben waren, größtenteils versengt. Lauter Gründe für eine weitere Welle der Auswanderung.

Alfred Rittmann

Ohne Übertreibung darf man sein Leben für die Zeitepoche als bunt bezeichnen. Der Sohn eines Zahnarztes wurde 1893 in Basel geboren, wo er Geologie studierte. Seine Dissertation, die von platinführenden Gesteinen im Ural handelte, verfasste er in Genf.

Bald zog es ihn nach Neapel ans Institut für Vulkanologie, das unter der Leitung von Immanuel Friedlaender stand. Intensiv beschäftigte er sich mit der Geologie der Insel Ischia und mit der Evolution des Vesuvs. Während seiner Tätigkeit zwischen 1926 und 1934 richtete er seine Aufmerksamkeit auch auf den Stromboli, wobei ihm wie geschildert der Zufall die genaue Analyse des Ausbruchs von 1930 ermöglichte.

1934 kehrte er nach Basel zurück und erwarb den Titel eines Privatdozenten an der Universität. Während er am Rhein lehrte, nahm er an einer Grönlandexpedition teil. 1936 erschien die erste Auflage seines in viele Sprachen, auch ins Russische und Chinesische, übersetzten Lehrbuchs «Vulkane und ihre Tätigkeit».

Doch erneut lockte Italien. Im Auftrag der Regierung führte er Studien in verschiedenen Regionen durch, u.a. wieder in der Umgebung von Neapel. Ab 1949 lebte er in Alexandria und erhielt 1954 ein Ordinariat am Mineralogisch-Geologischen Institut von Kairo.

1960 bis 1968 leitete er das Institut für Vulkanologie in Catania, das bekanntlich beauftragt war, den Ätna und die Äolischen Inseln zu überwachen. Er präsidierte die International Association of Volcanology und erhielt den Ehrendoktor der Universität Bern. Zu seinen Ehren wird ein seltenes, kompliziert zusammengesetztes Mineral als Rittmannit bezeichnet.

110

DER AUSBRUCH VON 2002/03

M it der zweijährigen Emma auf dem Traggestell erschien ein Paar aus Zürich und war nicht davon abzubringen, auf dem Pizzo sopra la Fossa zu nächtigen. «Der Vulkan ist ebenso spektakulär wie ungefährlich», waren die beiden überzeugt. Diese Ansicht gehörte, nachdem der Ausbruch von 1930 in Vergessenheit geraten war, zum Allgemeingut vieler Touristen. Jahrzehntelang hatte eine milde strombolianische Tätigkeit vorgeherrscht. Nur selten fielen Blöcke auf die Gipfelregion. Der Vulkan schien harmlos, ein idealer Ort, um das natürliche Feuerwerk aus nächster Nähe zu betrachten. Erhobenen Hauptes kehrten die Eltern am folgenden Morgen mit der strahlenden Emma vom Gipfel zurück und sagten: «Es war super. Wir haben oben geschlafen und sind wieder da, munter alle drei.»

Der Tsunami vom 29. Dezember 2002 drückte eine Hausfront an der Bucht von Ficogrande ein und hinterließ eine Freiluftküche.

Gegen Ende der 80er-Jahre änderte sich das Verhalten des Vulkans allmählich. Starke Explosionen oder Paroxysmen wurden häufiger. 1993 und 1999 gab es Verletzte in Gipfelnähe. 2001 schlummerte eine Münchnerin im Schlafsack auf dem Pizzo sopra la Fossa. Als es dem Morgen entgegenging, donnerte es und hagelte Glutschlacken. Eine traf die Frau auf den ungeschützten Kopf. Obwohl sie noch von einem Helikopter in die Universitätsklinik von Messina transportiert wurde, war sie nicht mehr zu retten. Die direkt neben ihr liegende Freundin kam mit dem Schrecken davon.

Mit den Launen des Vulkans Vertraute wussten seit Jahren, dass es vorsichtiger war, abends aufzusteigen und nach einer Stunde Gipfelaufenthalt im Dunkeln wieder abzusteigen. Doch sogar auf Feuerbergen nehmen viele Menschen aus Unwissen und Hybris die Naturgewalten nicht ernst.

Am 3. November 2002 entdeckten Fischer an einer Stelle vor der Nachbarinsel Panarea, wie tote Fische an der Oberfläche trieben. Das Meer brodelte. Blasen mit einem Durchmesser von bis zu einem Meter blubberten aus der Tiefe empor. Kreischende Möwen schnappten sich von den lebend-gekochten Fischen. Eine Woche zuvor war der Ätna ausgebrochen. Breite Lavaströme flossen durch das Valle del Bove.

Dann kam der Stromboli an die Reihe. Im Verlaufe des Jahres 2002 hatten seine Eruptionen an Häufigkeit und Intensität zugenommen. Der Lavapegel in den Kratern unterhalb des Pizzo sopra la Fossa stieg an. Schließlich waren die Töpfe randvoll, wie die Vulkanologen dank einer neu installierten Infrarot- oder Thermokamera objektiv feststellten. Ab September erreichten die Feuerfontänen des nordöstlichen Kraters gegen 300 m Höhe. Auch die Amplituden der seismografisch registrierten Erderschütterungen nahmen zu. Dabei beunruhigte, dass es sich um Ereignisse von sehr langer Dauer handelte («very long period events»). Diese pflegen starke Ausbrüche anzukündigen.

Am frühen Abend des 28. Dezember färbte sich, wie von den Dörfern aus zu sehen war, der Himmel über dem Berg düsterrot. Nach einer Explosion öffnete sich an der oberen Nordostflanke der Sciara del Fuoco eine Spalte, aus der eine Glutwolke schoss und unter infernalischem Getöse die Feuerrutsche hinunterbrauste. Gleich darauf quoll Lava aus einem frischen Satellitenkrater auf 670 m Höhe. Zudem wurde eine Kerbe in den Ringwall des Nordostkraters gesprengt. Aus neuen Nebenkratern auf 550 m und 500 m rann ebenfalls Lava. Da die ersten Beobachtungen des Ausbruchs von Leuten stammten, die selbst in Lapilli- und Aschewolken gerieten, sich wegen der Gase Taschentücher vor Mund und Nase halten und fliehen mussten, wird diese Phase unterschiedlich beschrieben. Sicher ist, dass sich am folgenden Morgen drei Lavaarme ins Meer ergossen. Die Möwen, die auf der Spiaggia dei Gabbiani am Ostrand der Sciara nisteten, waren fort, die Infrarotkamera außer Betrieb gesetzt. Der Lavasee im Nordostkrater hatte sich entleert. Auch waren keine Eruptionen mehr zu sehen. Offensichtlich war der Schlot verstopft.

Die anwesenden Vulkanologen und ihre Kontaktpersonen an Italiens führenden Universitäten wurden von der Großeruption trotzdem überrascht. Wie bei der Katastrophe am Mount Saint Helens in den USA am 8. Mai 1980 musste man resigniert feststellen, dass zwar gewichtige Verdachtsmomente für einen bevorstehenden Großausbruch bestanden, niemand aber mit Sicherheit wusste, ob überhaupt und, wenn ja, wann das Ereignis eintreten würde.

Am 29. Dezember war es trügerisch ruhig. Der Berg hüllte sich in Wolken und entzog sich der visuellen Überwachung. Gegen Abend floss Lava über den unteren Teil der Sciara. Sobald es die Sicht am Morgen des 30. erlaubte, stiegen Vulkanologen im Hubschrauber auf. Wie sie direkt beobachten und durch Videoaufnahmen dokumentieren konnten, lösten sich um 12.15 Uhr riesige Gesteinsmassen von der oberen Sciara-Flanke und donnerten bergab. Schätzungsweise 1,2 Millionen Tonnen Gestein stürzten ins Meer. Aufgrund von bathymetrischen Untersuchungen musste man annehmen, dass vorgängig rund 20 Mio. m³ unterhalb des Meeresspiegels abgerutscht waren. Die beiden Gesteinslawinen führten im Abstand von sieben Minuten zu zwei Sturzwellen, die sich fächerförmig ausbreiteten und in Piscità eine Höhe bis über 10 m, in Ficogrande von 3,5 bis 6,5 m erreichten. Wo nicht Klippen abschirmend wirkten, überflutete der Tsunami die Strände und beschädigte ufernahe Häuser. Auch im scheinbar geschützten Scari auf der Südostseite der Insel brausten die Flutwellen über die einzige Straße hinweg. Dabei wurden drei Leute verletzt.

Zu Jahresbeginn 2003 eilten Vulkanologen aus aller Welt herbei, sogar aus Hawaii. Angehörige des Zivilschutzes, Feuerwehrleute und Polizisten trafen

ein, Helikopter – darunter nach Meinung der Strombolaner der weltweit größte – landeten auf rasch errichteten oder frisch asphaltierten Plätzen. Ihr Einsatz erleichterte die Aufräumarbeiten und die Installation von zusätzlichen Messinstrumenten. Flugs wurde eine Überwachungsstation für Vulkanologen und Zivilschützer eingerichtet, die bis heute rund um die Uhr im Einsatz steht (Centro Operativo Avanzato, abgekürzt COA, s. S. 104). Auf Anordnung der Behörden wurden die einheimischen Familien evakuiert. Sie fanden Unterkunft auf der Hauptinsel Lipari oder in Milazzo, bis die Gefahr gebannt war. Nur Unerschrockene, die auf der Insel ausharren und die Verantwortung dafür selber tragen wollten oder die ihrer Funktion halber unentbehrlich waren, erhielten eine Aufenthaltsgenehmigung.

Für Touristen wurde die Insel gesperrt. Nur Hauseigentümer wurden knapp toleriert, damit sie sich um ihren Besitz kümmern konnten. Dank des Vorweisens einer Kaufvertragskopie wurde mir Ende Januar gestattet, in Scari an Land zu gehen. Auf dem Pontile wimmelte es von Polizisten und Vigili del Fuoco. Die Schäden, die der Tsunami angerichtet hatte, wirkten deprimierend. Türen und Fenster am Strand von Ficogrande waren eingedrückt. Am schlimmsten betroffen war ein Haus am Ostende der Bucht. Durch den Aufprall der Riesenwelle wurde die Frontmauer zertrümmert und das Dach so stark beschädigt,

Nistplätze der Möwen am Rand der Feuerrutsche auf alten Lavaströmen.

115

Der Tsunami überrollte die Küstenstraße zwischen Scari und Ficogrande. Zwei Touristen auf der Flucht.

Folgen des Tsunami

Markus Benzer, ein Tourist aus Österreich, den die winterlichen Temperaturen nicht abgeschreckt hatten, auf Stromboli Neujahr zu feiern, erlitt in den Flutwellen eine Beinfraktur. Etwas gekürzt schilderte er das Ereignis im Internet wie folgt: «Sogleich sah ich die herannahende, mehrere Meter hohe Welle. Ich konnte nicht mehr ins Haus, sondern stellte mich verkehrt an die Mauer zum Garten und – wusch! – weg war ich! Vom ‹Flug› bekam ich nichts mit, erst als die Welle zum Erliegen kam, war ich wieder voll bei Bewusstsein. Ich ergriff einen abgesägten Baumstamm und hielt mich fest, weil mich der Sog des zurückweichenden Wassers ins Meer hinauszuziehen drohte. Ich stand dann auf und bemerkte, dass mein rechtes Bein verletzt war. Ich humpelte ins nächste Haus und wusste nicht, was passiert war. Erschöpft legte ich mich auf das gemauerte Bett. Nach zehn Minuten wurde ich mit einem Ape zur Krankenstation gefahren. Nach der Erstversorgung fuhr man mich vor das Hotel Ossidiana. Von dort wurde ich zusammen mit einem Italiener, der sich den Fuß gebrochen hatte, zur Poliklinik der Universität Messina geflogen. Am 2. Januar flog man mich mit der Tyrol Air Ambulance nach Innsbruck, und tags darauf wurde ich in Hohenems operiert. Nach zehn Monaten erst konnte man die Platte und neun Schrauben aus meinem Bein entfernen. Heute bin ich wieder gesund. Die Faszination für Vulkane ist mir geblieben.»

Vor der Riesenwelle fliehende Touristen auf der Uferstraße von Scari vermitteln einen Eindruck von der Dramatik der Situation.

dass es einbrach. Man blickte direkt auf die Hinterwand der Küche. Ein Augenzeuge berichtete, er sei, als sich die Wellenmauer der Küste näherte, mit dem Motorrad über die Uferstraße von Ficogrande gefahren. Auf das Geschrei und Winken von Bekannten hin ließ er das Fahrzeug fallen und rannte eine Treppe hoch, was ihn rettete. Der Tsunami überrollte den Strand und schlug unmittelbar hinter ihm auf die Stufen. Der ihn begleitende Schäferhund war weg. Da hörte er aus einem Magazin am Abhang ein Bellen und Winseln. Dort hinein hatte der Tsunami das Tier gespült und eingesperrt. Am Ende von Piscità sah es ebenfalls übel aus. Türen und Fenster des letzten Hauses vor der Spiaggia Lunga waren eingedrückt, Fischerboote und entwurzelte Sträucher lagen wirr im Garten herum.

Zu dritt konnten wir es nicht lassen, an den Rand der Sciara del Fuoco oberhalb von Labronzo zu klettern. Von dort aus war mitzuerleben, wie der Lavastrom ins Meer floss. Aus dem Glutenband, das zischend und rumpelnd den Abhang herabkroch, lösten sich rote Brocken und sprangen in fantastischen Sätzen durch die Luft. Es roch nach Feuer und Schwefel.

Während des Ausbruchs hatte es Asche geregnet. Eine 2–5 cm hohe Schicht bedeckte Dächer, Gassen und Gärten. Sie verwandelte das Wintergrün in ein trostloses Schmutziggrau. Bei Regenwetter wurde die Asche zu Matsch. Im

Riesenhelikopter auf dem eilig errichteten Landeplatz von Scari.

Folgende Doppelseite: Lavastrom auf der Sciara del Fuoco, der ins Meer tauchte (Januar 2003).

117

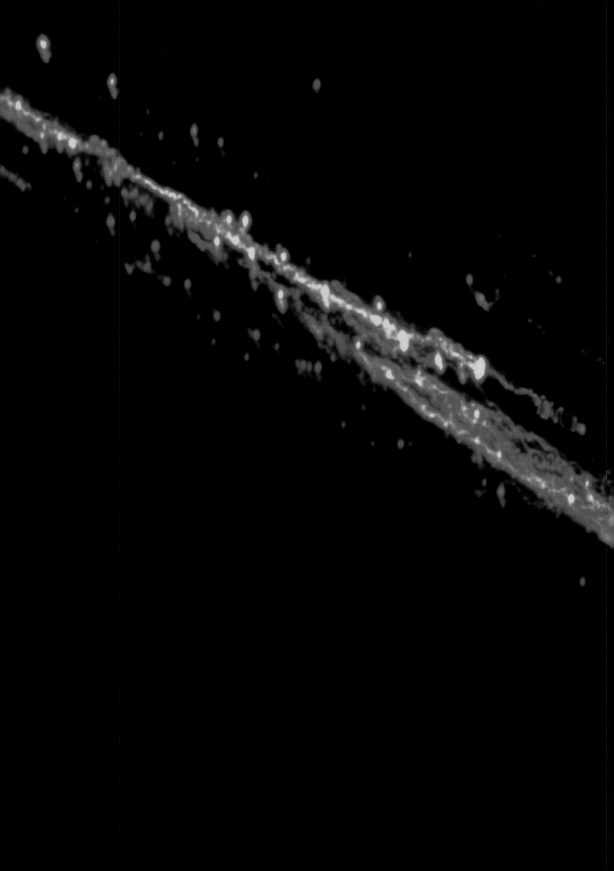

Vorhergehende Doppelseite: Noch im Juni 2003 krochen Lavaströme auf der Feuerstraße, jedoch ohne das Meer zu erreichen.

Vom Tsunami zerstörter Garten des hintersten Hauses von Piscità (Januar 2003).

Gegensatz zu 1930 wurden aber die Kulturen nicht verbrannt. Pflanzen und Gemüse gediehen im Frühling normal.

Aus dem Nebenkrater auf 550 m floss nur wenige Tage Lava, deutlich länger aus dem Satelliten auf 500 m, nämlich bis zum 15. Februar. Besonderes Interesse verdiente das Gebiet des oberen Seitenkraters auf 670 m, unter dem sich eine Plattform bildete. Dort war der Sciara-Hang auf einem kurzen Stück weniger steil und begünstigte ein Erstarren der Lava an Ort und Stelle. Nach Versiegen der anderen Quellen spaltete sich der Strom aus dem hohen, noch aktiven Krater in drei Tunnelröhren auf, die Öffnungen unterhalb der kleinen Plattform speisten. Durch den reichlichen Lavafluss vergrößerte sich die Insel um ein Delta an der Sciara dei Gabbiani. Noch bis in den Frühsommer hinein prustete ein Feuerdrache auf der Lavarutsche, erreichte das Meer aber nicht mehr.

«Einschlag einer Rakete von Saddam Hussein», diagnostizierte ein Teenager kühl, als am 5. April ein Kanonendonner die Insulaner erneut in Angst und Schrecken versetzte. Fluchtartig verließen sie die Häuser und starrten zum Vulkan empor. In der pilzartig vier Kilometer in den Himmel steigenden Aschewolke zuckten Blitze, die auch Alteingesessene beeindruckten. Ein Paroxysmus, der die ohnehin strapazierten Gemüter zusätzlich erregte. Blöcke

Von einer Lava-
bombe getroffenes
Haus in Ginostra
(Paroxysmus vom
5. April 2003).

und Bomben flogen bis zwei Kilometer weit. Die meisten prasselten auf die Abhänge über San Bartolo und Ginostra und setzten die Macchia in Brand. In Ginostra, das weniger weit von den Kratern entfernt liegt, erwischte ein Haus im oberen Dorfteil einen Volltreffer. Nur der Paroxysmus von 1930 hatte diesen an Intensität übertroffen, auch punkto Menge an plötzlich ausgeworfenem Material. Es sei nur an den Lahar erinnert, der damals das Vallonazzo hinuntergerast war.

Aber die Gewalt des Tsunami vom 30. Dezember 2002 überbot diejenige vor rund 70 Jahren bei Weitem. Nicht daran zu denken, wenn die Riesenwoge in der sommerlichen Hochsaison über die Strände gefegt wäre! Um einer möglichen Katastrophe vorzubeugen, richtete der Zivilschutz eine akustische Warnanlage ein und markierte Fluchtwege, die vom Ufer weg an sichere Orte führen.

DER AUSBRUCH VON 2007

Wer nach 2002/03 dachte, ein Lavastrom auf der Sciara del Fuoco sei für längere Zeit nicht mehr zu erwarten, lag falsch.

Die heftige Eruption von 2002/03 hatte zur Folge, dass die Anzahl und die Vielfalt der am Vulkan installierten Messgeräte stark erhöht wurden. Die Vulkanologen verfügten nun über ultramoderne Apparaturen, wie sie etwa in Japan, Hawaii oder am Mount Saint Helens im Nordwesten der USA eingesetzt werden. Der Leib des Vulkans wurde bespickt mit Videokameras, Seismografen, Gasanalysatoren, Radargeräten und Tiltmetern. Fast täglich umrunden und kontrollieren Hubschrauber den Berg. Im COA über San Vincenzo arbeiten Vulkanologen und Zivilschützer eng zusammen. Rund um die Uhr erheben die Fachleute wissenschaftliche Daten, welche die Zivilschützer zu praktischen Maßnahmen umsetzen. Hauptziel ist die Vorbeugung. Einheimische und Touristen müssen rechtzeitig vor drohender Gefahr gewarnt und wenn nötig evakuiert werden. Was Stefano Cincotta, der seit mehr als 85 Jahren auf der Insel lebt, nicht von den Worten abhält: «Die können so viele Apparate aufstellen, wie sie wollen. Den Vulkan zu durchschauen schaffen sie dennoch nicht. Iddu ist ein Querkopf mit Charakter, von Dämonen besessen. Was soll man da messen?»

Stefano ist nicht der einzige Kritiker. Aber seien wir gerecht: Die Bemühungen zur Überwachung des Vulkans haben erstaunliche Fortschritte gebracht. Nie wurde ein Ausbruch mit Lavaergüssen aufgrund objektiver Messdaten derart präzis vorhergesagt wie anno 2007. Aus der Fachliteratur und den Berichten von Augenzeugen geht übereinstimmend hervor, dass der Zivilschutz den Gipfelbereich rechtzeitig zur Sperrzone erklärt hatte. Zudem war der Sirenenalarm betriebsbereit. Er soll vor einem nahenden Tsunami warnen und den Badegästen am Strand die Chance einräumen, rechtzeitig in höher gelegene Gebiete zu fliehen. Man rechnet, dass die Sturzwelle vom Sciara-Fuß aus mehrere Minuten brauchen wird, bis sie die Ufer von Ficogrande und Scari überrollt. Doch wiederum war es Hochwinter.

Was geschah? Zunächst intensivierte sich die strombolianische Aktivität, stoppte aber am 27. Februar um zwölf Uhr abrupt. Auf Bildsequenzen infrarotsensitiver Thermokameras war eine halbe Stunde später zu sehen, wie sich ein Riss auf der Sciara del Fuoco unterhalb des Nordostkraters bildete. Er dehnte sich aus bis zu den oberen, erstarrten Lavafeldern von 2002/03. Kurz nach 13 Uhr trat erste Lava aus. Sie floss mit einer Geschwindigkeit von 0,25–0,5 m/s

Beobachtungsstation mit Infrarot-Kamera am Rande der Sciara del Fuoco. Daneben ein verwilderter Ziegenbock.

Ergiebige Lavaströme bildeten eine Landzunge und verlängerten so die Feuerstraße (März 2007).

den Steilhang hinunter und ließ um 13.40 Uhr das Meer aufschäumen. Um 10.32 Uhr, schon vor dem Stopp der strombolianischen Tätigkeit, hatte der gesteigerte Gasaustritt aus den Kratern aufgehört – ein Indiz, dass ein größerer Ausbruch unmittelbar bevorstand. Einen wichtigen Beitrag lieferte auch die moderne Radar-Interferometrie. Wie mit Tiltmetern lassen sich mit dieser Methode Grunddeformationen messen. Die Ergebnisse sind äußerst präzis und werden auf Flächen und nicht nur auf Punkten ermittelt. Erste Ausbauchungen unter dem nordwestlichen Hauptkrater wurden bereits im Januar festgestellt, ebenso ein Intensitätsanstieg des Tremors in der Kraterumgebung.

Der Lavastrom aus der Fissur gabelte sich in drei Zungen, wie die Thermokameras auf Bildschirme übermittelten und die Vulkanologen bei einem Helikopterflug am Nachmittag bestätigen konnten. Diesmal waren die begleitenden Erdrutsche zu gering, um einen Tsunami zu verursachen. Ähnlich wie 2002/03 floss aus einem Satellitenkrater auf ungefähr 400 m ein voluminöser Lavastrom, der wiederum im Nordostsektor der Sciara nahe der Punta Labronzo eine fächerförmige Halbinsel in die See trieb und die Insel wachsen ließ. Anfang März verstopften Bruchstücke von Kraterrändern einzelne Kaminöffnungen. Am 9. März versiegte der Erguss aus dem Krater in 400 m Höhe während

Einschlagtrichter einer Bombe auf die Via Panoramica beim Paroxysmus vom 15. März 2007.

Folgende Doppelseite: Im Vergleich zur Abbildung auf S. 126 ist die 2007 neu entstandene schwarze Landzunge von der Brandung wieder weitgehend abgetragen (September 2010).

ein paar Stunden total, dafür öffnete sich ein dritter Schlund auf 550 m für kaum einen Tag.

Am 15. März trat überraschend ein Paroxysmus auf. Dieses Phänomen ist nach wie vor schwer vorauszusagen. Trotz aller Technik bleibt es ein Sorgenkind der Fachleute. Unter Donnerkrachen stieg eine riesige Dampf- und Rauchwolke auf, in der wiederum Blitze zuckten. Feuerbomben fielen in einem Umkreis von 1,5 km und trafen den Panoramaweg hoch über dem Dorf San Bartolo. Bewohnte Gegenden blieben diesmal von Geschossen verschont. Grund für den Paroxysmus war auch diesmal ein Schlot, der freigesprengt wurde. Unter dem Pfropf, der den Kamin verschlossen hatte, sammelte sich gasreiches Magma aus tiefen Kammern an und wurde durch nachdrängendes Material unter Druck gesetzt, bis es zur Explosion kam.

Fernanda, Eyjafjallajökull, Galunggung

Auf die Gewalt der Brandung weist auch das Schicksal der Insel *Fernanda* hin, um deren Besitz sich der italienische König Ferdinand II und England gestritten hatten. Sie war, wie vorgängig erwähnt, 1831 zwischen Sizilien und Nordafrika aufgetaucht (s. S. 18, 84). Nach weniger als einem Jahr war der Traum von neuem Land wieder verflogen. Die Insel verschwand von der Bildfläche und liegt nun mit ihrer Spitze knapp unter dem Meeresspiegel.

Von Dämonie erfüllt – Stefano sei recht gegeben – ist die Welt der Vulkane rund um den Globus. Wie konnte sich denn der isländische *Eyjafjallajökull* im Frühjahr 2010 erlauben, den europäischen Luftverkehr durch eine mittlere Aschewolke lahmzulegen? Die Fluggesellschaften beklagten Millionenverluste und ersuchten um staatliche Finanzhilfe. Die auf den Flughäfen festsitzenden Passagiere seufzten und reklamierten im Chor. Wäre die Aschewolke so riesig gewesen wie diejenige des Krakatau 1883, so hätte sich das Weltklima während der folgenden zwei Jahre um 0,5–0,8 Grad abgekühlt und die Klimaerwärmung verzögert.

Dabei sei an das längst vergessene Abenteuer des Vulkanologenpaars Krafft erinnert. Ihre Passagiermaschine durchkreuzte 1982 eine Rauchwolke des indonesischen Vulkans *Galunggung*. Lapilli trommelten an die Fenster. In der Hitze der Motoren schmolzen die Aschepartikel der Wolke und überzogen die Turbinen mit einem keramikartigen Belag, der die Luftzufuhr drosselte. Drei der vier Triebwerke versagten den Dienst, schließlich auch das vierte. Das Flugzeug segelte unaufhaltsam in die Tiefe, der Erdboden kam näher und näher. Die Passagiere gerieten in Panik, der Absturz schien unvermeidlich. Im letzten Augenblick geschah ein kleines Wunder: Die Motoren setzten wieder ein. Denn außerhalb der Aschewolke zerbröckelte der Keramikmantel um die Motoren. Einer nach dem anderen setzte wieder ein. Die Maschine gewann an Höhe und landete sicher in Jakarta.

Am Tag nach dem Paroxysmus förderte der Seitenkrater auf 400 m erstaunliche Lavamengen. Das Delta am Strand der Sciara del Fuoco vergrößerte sich zusehends. Obwohl der Strom bereits am 2. April versiegte, war das ausgetretene Lavavolumen insgesamt gerade so groß wie dasjenige des länger dauernden Ausbruchs von 2002/03.

Jetzt bereitete der Vulkan den Inselbewohnern anderes Ungemach. Die alltäglichen Feuerfontänen blieben vollständig aus. «Iddu lässt uns im Stich», jammerte ein Strombolaner mit grauem Buschbart, «ohne das Feuerspektakel kommen keine Gäste mehr, obwohl wir so hart gearbeitet haben, um die Insel voranzubringen. Nun ist alles für die Katz.» Dass es dank des Tourismus stets aufwärtsging bzw. gehen musste, war für die jüngere Generation der Einheimischen so selbstverständlich geworden wie für Politiker und Geschäftsleute, die stetiges Wachstum fordern. Erst Anfang Juli hellten sich die Mienen auf: «Was für ein Glück, er speit wieder», meinte Roberto Acquaro, der mit seiner Familie

die Pizzeria beim Osservatorio Labronzo betreut. Es lässt sich nicht genug wiederholen: Bier, Pizza und Iddus feuriges Urspektakel bilden eine Synthese, die man sonst weltweit vergeblich sucht.

Im Winter 2007/08 peitschte Windgott Äolus solche Wellen auf, dass ein Großteil des neuen Fächerdeltas am Fuß der Sciara auseinanderbrach und in die Tiefe sank. Wegen seiner pechschwarzen Farbe ist aber der Lavastrom von 2007 bis heute leicht erkennbar, besonders aus der Luft. Er schmiegt sich an den Filo del Fuoco und dient den Möwen wieder als Brutplatz (s. S. 115).

Nicht immer waren und sind die Vulkanologen so erfolgreich wie bei der Voraussage des Ausbruchs von 2007.

Allabendlich fahren zahlreiche Schiffe zur Feuerrutsche, um das Spektakel der Eruptionen vom Meer aus zu beobachten. Weitere Aussichtspunkte sind das Osservatorio und die Pizzeria Labronzo am rechten Bildrand (s. S. 34).

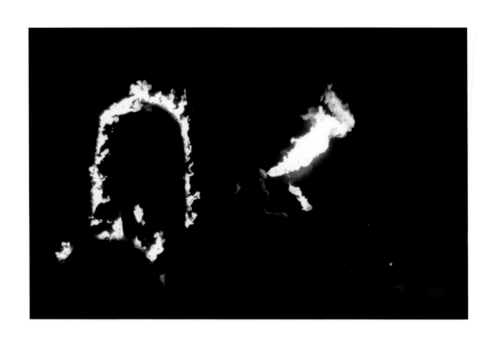

Spiel mir das Lied vom Feuer

Im Juni 2011 explodierte der Vulkan unerwartet: ein Paroxysmus mit Bombenwurf. Die Bergführer hatten keine Warnung des COA erhalten und waren mit ihren Kunden im Aufstieg am Grat des Liscione, zum Teil schon in Gipfelnähe. Es grenzt an ein Wunder, dass niemand von den Geschossen getroffen wurde und alle wohlbehalten zurückkehrten. Die Vulkantätigkeit blieb intensiv. Am 11. und 12. August strömte zähflüssige Lava aus zwei Schlünden, nur für einen Tag. Der Erguss war wenig ergiebig und blieb auf den obersten Sciara-Hängen stecken. Ein paar Tage darauf ereignete sich ein weiterer Paroxysmus. Der Vulkan schleuderte Bomben, welche die Macchia über San Bartolo in Brand setzten und eine Narbe hinterließen. Dank Windstille blieb das Feuer lokal begrenzt, sodass die Löschflugzeuge ihre Aufgabe rasch erfüllt hatten.

Nach beiden Paroxysmen wurde der Aufstieg zum Vulkan gesperrt, in der Folge auch vorsorglich, da die außergewöhnliche Aktivität anhielt und jeden Aufenthalt auf dem Pizzo sopra la Fossa unsicher machte. Sogar von der Pizzeria und Umgebung aus sichtbar hatte sich ein Hornito aufgebaut, ein Zuckerhut mit zentraler Krateröffnung, aus dem an einem Abend kontinuierlich Lavasäulen sprühten, am nächsten nur Rauchsäulen quollen. Im großen Nordostkrater glühte ein Lavasee, aus dem Mephisto alle zwanzig Minuten

Ein Feuerspucker imitiert den Stromboli.

Bombeneinschlag ins Buschwerk über San Bartolo (August 2011). Der daraus resultierende Brand wurde durch Wasserflugzeuge gelöscht (s. S. 137).

Folgende Doppelseite: Im Sommer 2011 waren die Lava-Fontänen besonders spektakulär. Kraterkegel und Feuerstraße färbten sich rot unter der Menge der herabsausenden Brocken. Die hellen Lichter davor stammen von Stirnlampen der Touristengruppen im Abstieg von Punta 400.

133

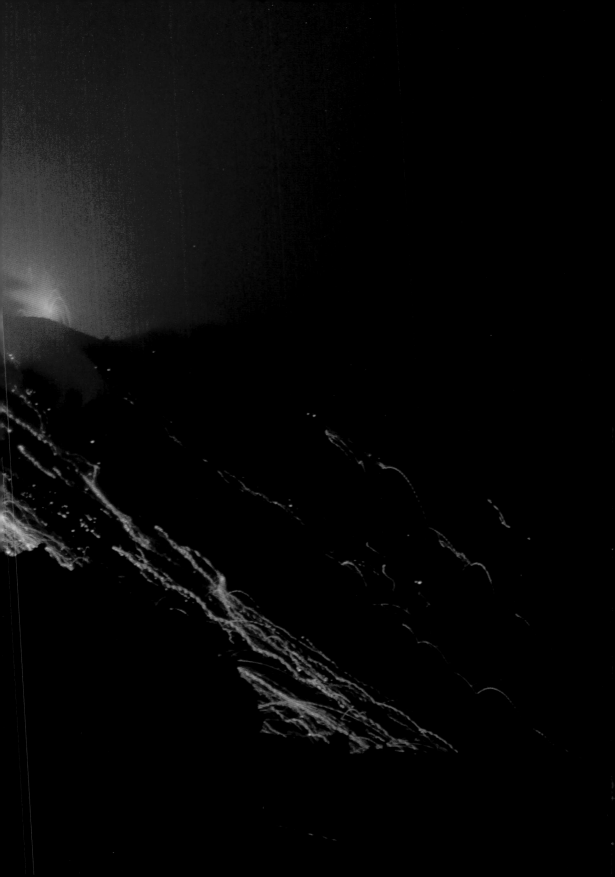

hohe und breite Feuergarben spuckte. Herniederregnende Fetzen und Bomben färbten den Kraterrand und ein weites Umfeld karminrot. Fladen blieben kleben und verglühten, Brocken purzelten und überschlugen sich auf den Steilhängen der Sciara. Zeitweise sah es so aus, als ergieße sich wieder Lava in Richtung Meer. Ein Krater auf Ginostras Seite der Terrasse stieß ebenfalls Fontänen aus. Auch diese stiegen hoch in den Nachthimmel, wobei die Lavaklötze bunt durcheinanderwirbelten. Rührte der Drall von einem Engpass im obersten Kaminabschnitt her? Wie der Hornito unterbrach dieser Schlot an manchen Tagen seine Tätigkeit. Jeder Abendspaziergang verblüffte mit einer neuen Vorstellung der fünf aktiven Mäuler. Dann war der Hornito plötzlich weg. Er musste explodiert sein.

Die Spitzen der größten Feuergarben waren vom Dorf aus zu sehen. Da konnte man mit Freunden am Meer sitzen, den Wellen lauschen, Prosecco schlürfen und emporschauen. Über die dunkle Bergsilhouette, die sich scharf vom roten Hintergrund abhob, flogen in Intervallen knallrote Glühwürmer.

Hautnah war das Schauspiel auf der Punta 400, der Höhenquote 400 m, zu erleben. Es war der höchste Ort, zu dem die Touristen offiziell aufsteigen durften, mit oder ohne Begleitung eines Bergführers. Von Labronzo aus sahen die Lampenketten der Kolonnen im Abstieg gespenstig aus. Dahinter erglühte die Feuerrutsche immer aufs Neue.

Im Oktober beruhigte sich der Vulkan. Für wie lange weiß niemand. Iddu sagt: «Spürt ihr denn nicht, dass ihr im Ungewissen lebt? Ihr müsst lernen, das Ungewisse und seine Überraschungen zu schätzen. Woher soll ich schon wissen, wie ich mich morgen fühle, wozu ich dann Lust und Laune habe? Glaubt nicht so abgöttisch an eure Instrumente. Das grenzt an Überheblichkeit.»

2011 ging nicht in die Annalen ein als Jahr mit einem ungewohnt heftigen Ausbruch. Nur die strombolianische Aktivität war extrem eindrücklich.

Wo könnten *Feuertänzer* ihr Festival besser zelebrieren als auf der Feuerinsel? Die einzigartige Fähigkeit des Homo sapiens, das Feuer zu zähmen und zu nutzen, setzen die Artisten in Tanz und Magie um. Bereits ist es zur Tradition geworden, dass das «Festa del Fuoco» Ende August und Anfang September stattfindet, wenn die Hochsaison sich dem Ende zuneigt. Initiant und Leiter ist August Schuldes, ein gebürtiger Wiener. Dank seiner Organisation und Regie wird das Happening von Jahr zu Jahr internationaler. Bereits zieht es Enthusiasten aus der halben Welt an, sowohl was die Artisten als auch die Zuschauer anbetrifft. 2011 trafen sich Künstler aus Neuseeland, Amerika, England, Deutschland, Polen, Österreich, Frankreich, der Slowakei und Sizilien auf der Insel, um gemeinsam dem Feuer zu huldigen: dreißig an der Zahl. Etwa gleich viele waren im Produktionsteam engagiert, arbeiteten im Hintergrund oder hintergründig im übertragenen Sinn. Sie bauten Bühnen und Kulissen, arrangierten Szenen, zündeten Feuerwerke und sorgten für Public Relations.

Vorhergehende
Doppelseite: Auf-
tritt der «The Funky
Mammas» am
Festival der Feuer-
tänzer.

Feuertänzerinnen
und -tänzer beim
Proben auf dem
Flachdach und
beim Wäschetrock-
nen nach getaner
Arbeit.

Faszinierend ist es nicht nur, den Künstlern bei den Aufführungen zuzuschauen, sondern ebenso bei ihren Übungen und Proben auf dem Flachdach.
Sie sind virtuos in der Handhabung des Feuers, doch auch als Athleten. Sie laufen auf Händen, vollführen Brücken und Überschläge, jonglieren mit Ringen,
Kugeln und Stäben. Während der nächtlichen Aufführungen, die oft erst um
23 Uhr beginnen und lange nach Mitternacht enden, wetteifern sie mit Iddu,
schlucken und spucken sogar Feuer, schwingen brennende Ruten oder wirbeln
Fackeln in sagenhafte Höhen. Oder machen Scherze: Da soll ein Plüschpudel
durch einen Flammenring springen. Er ziert sich und zaudert lange, bis er auf
einem Brett stehend so in die Luft geschleudert wird, dass er ohne sein Da-
zutun durch den brennenden Ring fliegt. Nach den Aufführungen und einem
opulenten Mahl ziehen die Tänzer johlend durch die Gassen und beenden
die Nacht wieder auf dem Dach – am letzten Tag des Festivals mit einer über-
mütigen und farbenfrohen Produktion. Da soll man als Nachbarn nicht schla-
fen, sondern sich mitfreuen.

Feuertänzer als
Magier.

Auf zum Vulkan

Nicole Kidman und Tom Cruise segelten auf ihrer Jacht durchs Mittelmeer und warfen Anker vor Stromboli, worauf Nicole nicht zögerte, auf hochhackigen Schuhen den Vulkan zu erklettern. Oben merkte sie, dass der Abstieg mit diesem Schuhwerk wohl schwierig, ja geradezu unmöglich war. Ihre Füße schmerzten, als wäre sie durchs Fegefeuer gestelzt. Unverfroren zückte sie ihr Handy und rief um Hilfe. Obwohl Tom auf der Jacht am Faulenzen war und wenig Verständnis für die Extravaganzen seiner Gattin hatte, stieg er eilig bergauf. Er führte, stützte oder trug Nicole zurück an den Strand. So war es in den Klatschspalten zu lesen.

Bis zum Großausbruch von 2002/03 lag eine Besteigung des Vulkans in der Eigenverantwortung jedes Touristen. Da kam es vor, dass Ortsunkundige in T-Shirt und Turnschuhen oberhalb von San Bartolo nach dem Weg auf den Vulkan fragten in der Meinung, er führe «direttissimo» die Nordostflanke empor. Besser Informierte rüsteten sich gebührend aus: In Bergschuhen mit Profilgummisohlen benutzten sie die Mulattiera, im Rucksack eine Literflasche voll Wasser, Proviant, Anorak, Taschenlampe und Fotoapparat. Manche hatten Biwaksäcke aufgeschnallt. Im Frühling und im Herbst war Start um vier Uhr

Helmverteilung vor dem Aufbruch zur Punta sopra la Fossa.

Tatendurstige Touristinnen auf der Piazza von San Vincenzo.

Blick von der Pizzeria Labronzo aus: Feuergarben des Vulkans und absteigende Touristengruppen mit Taschenlampen.

Von der Punta 400 aus beobachtete Eruption.

abends, im Sommer etwas später. Die Vernunft gebot, möglichst vor dem Eindunkeln auf dem Bastimento oder dem Pico sopra la Fossa anzukommen, um den goldenen Sonnenuntergang und das Rotwerden der Feuerfontänen zu bestaunen.

Die gemächlichen Serpentinen der Mulattiera führen bis weit über Labronzo hinauf. Die Pizzeria lässt man rechts liegen, quert einen übermannshohen Wald von Pfahlrohr (s. S. 188) und steigt in ausladenden Schlaufen höher. Am Ende der Mulattiera, die mit Basaltklötzen gepflastert und solid durch Mauern abgestützt ist, lohnt sich ein erster Blick auf die Feuerrutsche. Weiter oben ist der Weg tief in die Asche eingegraben. Ab und an erfordern eingestreute Blöcke einen Klimmzug. Auf der Punta 400 stößt man auf eine Messstation der Vulkanologen. Dieser Ausguck sei jenen Schaulustigen empfohlen, die auf die Dienste der Bergführer verzichten und nicht den heute einzig erlaubten Weg direkt von San Vincenzo aus wählen wollen (s. unten). Der Blick auf die nordöstliche Kratergruppe und ihre Aktivität ist wirklich atemberaubend.

Über der Punta 400 versperrt das Bastimento den früher üblichen Weitermarsch. Halb verblichenen Farbklecksen folgend sind dessen Felsen leichter zu überwinden, als man zunächst vermutet. Darüber gelangt man zu Steinmauern

aus Vulkangeröll, in deren Schutz früher oft campiert wurde. Weiter folgt man dem Grat zu einem Vorgipfel, dann in westlicher Richtung auf die Punta sopra la Fossa (892 m), die wie ein Balkon direkt über der Terrasse mit den aktiven Kratern thront. Hier versammelt sich meist ein buntes Völklein von Schaulustigen.

Besondere Vulkanfreaks liebten es, nachts aufzusteigen und den Sonnenaufgang auf dem Gipfel zu erleben. Wenn die glühenden Ausbrüche verblassten, wurde es Zeit, um abzusteigen, in der «Portella delle Croci» Augitkristalle zu suchen und aus der Asche zu buddeln, den Übergang zwischen Aschenwüste und Vegetation zu erkunden oder mit den Vulkanologen der Universität Florenz einen Morgenschwatz zu machen.

Was den beschriebenen Aufstieg vom Osservatorio Labronzo aus betrifft, ist das Präsens falsch. Es sei nochmals betont, dass diese Route zum Gipfel laut den Anweisungen des Zivilschutzes heute nur noch bis zur Quote 400 benutzt werden darf. Trotz des offiziellen Verbots gibt es Leute, die den traditionellen Aufstieg vorziehen. Werden sie erwischt, gibt es einen Verweis oder gar eine empfindliche Buße. Nach Ende des Ausbruchs von 2002/03 hat der «Club Alpino Italiano» einen neuen Weg zum Gipfel gebaut. Dieser beginnt auf dem Platz von San Vincenzo, führt bergwärts am alten Friedhof vorbei und über Serpentinen zum Punkt, wo die Bergführer ihrer Gruppe erklären, wer nicht wage weiterzugehen oder sich schlecht fühle, könne von hier aus gefahrlos ins Dorf zurückkehren. Weiter oben sei das nicht mehr möglich.

Mit einem Bergführer zu gehen, ist im Gegensatz zu früher obligatorisch. Meist werden Gruppen von 20 bis 25 Leuten gebildet. Deren Schuhe werden auf ihre Tauglichkeit geprüft. Bei Mängeln gibt es welche zu mieten. Jede Gruppe fasst Helme mit einer speziellen Farbe. Dadurch lässt sie sich leichter von anderen Partien unterscheiden, denn während der Saison sind täglich mehrere unterwegs. Der Aufstieg erfolgt gestaffelt. Stauen sich die Gruppen auf der Tra-

Vorhergehende Doppelseite: Gipfelansicht des Vulkans. Im Vordergrund die Punta Vàncori mit weit heraufreichender Pioniervegetation, im Zentrum die Punta sopra la Fossa, von der eine Pfadspur hinab zur Porta delle Croci führt. Rauch quillt aus den aktiven Kratern. In der Tiefe rechts das Dorf Stromboli.

Nahe der Porta delle Croci gefundener Augitkristall.

Benediktinerpater Ludwig

Ein sonderbares Schicksal war dem Benediktinerpater Dr. Ludwig Räber aus Einsiedeln beschieden. Als Rektor der Stiftsschule fuhr er 1976 während der Sommerferien mit dem Moped und in Kutte von Einsiedeln nach Sizilien. Auf der Insel Vulcano traf er junge Landsleute, die ihn nach Stromboli begleiteten. Noch am Tag der Ankunft startete er, ein Freund der ungebändigten Natur, allein zum Vulkangipfel. Als er nicht zurückkehrte, rückten am folgenden Tag Suchtrupps aus. Man fand ihn nirgends. Auch spätere Suchaktionen schlugen fehl. Es bleibt ein Rätsel, ob der Pater über die Felsen abgestürzt, auf der Kraterterrasse in einen Lavasee gefallen oder durch Feuergeschosse erschlagen worden ist.

verse, die vom «Point of no Return» zum Liscione genannten Grat hinüber-
führt, haben Nachfolgende zu warten. Das ist erst recht auf dem Grat des Liscione der Fall. Hier schlängelt sich der Weg steil empor. Das oberste Gratstück
wird umgangen, und schon tauchen zwei Hütten mit befestigten Dächern auf,
die vor allfälligem Bombenhagel schützen. Sie wurden ebenfalls 2003 errichtet. Jetzt fehlen nur noch zehn Minuten bis zur Punta sopra la Fossa. Falls die
Sicht gut ist, kann man dort schon Gänsehaut bekommen, wenn es in den rau-
chenden Kratern gurgelt und platscht – ihre Zahl wechselt von Jahr zu Jahr –
und plötzlich Lavafontänen knallend in die Luft schießen. Besonders markant
ist die nordöstliche Kratergruppe, die während des letzten Jahrzehnts unge-
stüm tätig war. Unter widrigen meteorologischen Bedingungen ist die Beob-
achtung der Aktivität auf der Kraterterrasse erschwert oder unmöglich. Wolken
können den Gipfel verhüllen oder ätzende Dämpfe herantreiben, die zum
Husten reizen und sogar naturgefärbte Wollmützen bleichen.

 Am bequemsten bleibt der Abstieg über die Südostseite. Rasch erreicht man
im Schein der Taschenlampen die Portella delle Croci. Von hier aus kann der
höchste Punkt des Vulkans, die Punta Vancori (924 m) bestiegen werden. Der
Abstecher steht aber selten auf dem Programm eines Bergführers und ist nur
Schwindelfreien bei Tageslicht zu empfehlen. Von der Scharte aus gleitet man
durch die stiebenden Aschefelder der Rina ranni hinab bis zur Vegetationsgrenze. Dann führt der Zickzackweg steil meerwärts, vorbei an der Station der
Vulkanologen aus Florenz, und endet auf dem Kirchplatz von San Vincenzo.
Von unten gesehen gleichen die Gruppen im Abstieg einem Fackelzug.

Bergführer Zazà
mit Sonnenbrille im
Gespräch auf dem
Pontile.

Wer in elegantem Italienisch miterleben möchte, wie es bei einer Grup-
penbesteigung zugeht, lese das Buch von Patrizia Zappa Mulas. Dabei lernt
man Zazà kennen, den heutigen Doyen der Bergführer. Er war es, der während
des Ausbruchs von 2007 Gesteinsproben aus dem fließenden Lavastrom fischte und den Vulkanologen zur petrochemischen Untersuchung lieferte. Zazà
ist bärtig, schlank und rank und mit einer Australierin verheiratet, die im COA
angestellt ist. Es gibt auch andere tüchtige Führer, etwa Antonio und Chiara,
Sohn und Tochter von Tannina, die während Jahren einen Tabakladen geführt
hat. Vom ersten Bergführer auf der Insel, dem verstorbenen Salvatore di Losa,
geht die Sage, seine Hauptaufgabe habe darin bestanden, als Kaminfeger zu
wirken und verstopfte Vulkanschlote tüchtig zu scheuern.

Auch von Ginostra aus lässt sich der Vulkan besteigen. Bis vor wenigen
Jahren gab es eine Pfadspur, die vom Friedhof über dem Dorf steil zur Portella di Ginostra emporführte. Von ihrer Begehung ist dringend abzuraten, auch
in umgekehrter Richtung, sollte man den Vulkan überqueren wollen. Die
jetzt übliche Route setzt bei der Punta dei Corvi an und verfolgt die südwest-
liche Begrenzung der Sciara del Fuoco, Fili di Baraona genannt. Dieser
Grataufstieg bietet überraschende Blicke auf die Feuerrutsche und ist den
Eruptionen weniger ausgesetzt als der Filo del Fuoco am gegenüberliegenden
Sciara-Rand.

Für Wanderungen ohne Führer haben die Leute des Alpenklubs auf der
Stromboli-Seite die «Via Panoramica» errichtet. Der gute Pfad beginnt dort, wo
die Bergführer ihre Touristen über den Weiteraufstieg zum Vulkan orientieren.
Er durchquert den Macchia-Gürtel über San Bartolo, an den rötlichen Lava-

schichten aus der Römerzeit vorbei zu einem Tisch, der zu beschaulicher Rast oder Picknick einlädt. Dann führt er in Serpentinen hinunter ins Vallonazzo, in jenes Tal, durch das der Lahar 1930 hinabgebraust ist. Auf der anderen Talseite steigt der Weg wieder an. Hier blühen im Frühjahr blaue Lupinen und gelbe Riesenfenchel. Noch Monate nach dem Ausbruch von 2007 klaffte ein Bombenkrater mitten in diesem Wegstück, was bei informierten Passanten mulmige Gefühle auslöste. Der letzte Abschnitt der Panoramica mündet in eine der Mulattiera-Kurven oberhalb Labronzo. Unermüdliche wandern hinauf zur Punta 400, Hungrige hinab zur Pizzeria.

Touristen mit Lampen auf dem Vulkangrat. Film-exposition während einer Stunde, was den Stern als hellen Schrägstreifen erscheinen lässt.

NATUR, KÜNSTLER
UND TOURISTEN

Ferragosto oder der wilde August

Während sich die Städte Rom, Mailand und Turin entleeren, vervielfacht sich Ende Juli die Bevölkerung auf Stromboli. Die Schätzungen variieren – mindestens um das Zehnfache, sagen die meisten. Das heißt, dass gegen zehntausend Touristen den Badefreuden frönen oder trotz sommerlicher Hitze in Kolonnen schweißtriefend den Pizzo sopra la Fossa erklimmen. Zweimal haben wir es bisher fertig gebracht, im Ferragosto, wenn die Strände überfüllt und alle verfügbaren Häuser und Wohnungen zu horrenden Preisen vermietet sind, auf der Insel zu sein. Um nächtlichen Klamauk hat man sich dann nicht zu sorgen.

Bei der Schiffsankunft steht eine Reihe von zwei-, drei- und vierrädrigen Vehikeln auf dem Landesteg. Eine modernere Erscheinung sind riesige Lastwagen, die den An- und Abtransport von Waren sichern. Sie warten in Einerkolonne, um auf Befehl im Bauch des Fährschiffs «Laurana» zu verschwinden. Auf der Insel finden sie kaum Platz zum Parkieren. Ihre Fracht wird in Hafen-

Im Ferragosto verstopft ein Touristenstrom die Hauptgasse.

Traditionelle Ruderregatta der Einheimischen. Die Crew der Sieger von 2010: Schulhauswart, Starkoch Stefano und Maurer Giovanni.

Regata storica
Gerade vor Beginn der Hochsaison findet die traditionsreiche Regata storica statt. Dabei rudern einheimische Dreiermannschaften um die Wette, von der Basis des Strombolicchio zum Strand von Ficogrande. Die Sieger werden lautstark gefeiert.

Bimssteinabbau
in Lipari an den
Hängen des Monte
Pilato.

Ein selteneres Er-
eignis: Wie Perlen-
ketten schmücken
aus Lipari ange-
schwemmte Bims-
steine den schwarz-
en Strand von Scari.

Bimsstein

Wer dem Strand entlangwatet und nach farbigen Kieseln sucht, findet fast sicher auch einen Bimsstein. Dessen weiße oder weißgraue Farbe und dessen Federgewicht entzückt die kleineren Kinder, erst recht, wenn man ihnen zeigt, dass die Steine schwimmen können. Schulpflichtige interessiert es, dass deren spezifisches Gewicht geringer ist als dasjenige des Wassers – auch dass Bims durch besonders reichliche Gasbeimischung zum Magma entsteht, das beim Aufsteigen im Kamin ins Schäumen gerät. Häufiger als man gemeinhin annimmt, wirft auch der Stromboli von diesem stark porösen Gestein aus. Findet man jedoch auf dem schwarzen Strand einen weißen Saum, so stammt der Bims von Lipari, wurde also von dort mit der Strömung herübergetragen. Auf Lipari hat der Monte Pilato mächtige Schichten abgelagert, die zu industriellen Zwecken abgebaut werden. Der äolische Bimsstein war früher sehr gefragt. Sein Verkauf warf lange Zeit so viel ab, dass die Bürger der Hauptinsel von jeder Steuerpflicht befreit waren. Noch heute wird dem Leichtbeton oft Bims beigemengt. Bei der Fußpflege dienen die Steine zum Abschleifen von lästiger Hornhaut oder von Hühneraugen.

nähe auf Ape verladen, die die Feinverteilung übernehmen. Allein diese dreirädrigen Vehikel sind imstande, sich durch die engen Gässchen zu schlängeln – selbstverständlich auch vierrädrige Elektromobile. Sie versehen den Taxidienst und bringen die ankommenden Touristen samt Gepäck in die Hotels, Pensionen und Häuser.

Der Feriengast kennt zwei Alternativen: Berge oder Meer. Stromboli bietet beides in südlichem Ambiente. Täglich ist jedermann gespannt, wer denn heute wieder ankommt. Vielleicht jene charmante Römerin, die im letzten Jahr

Im Ferragosto sind auf dem Kirchplatz von San Vincenzo sogar High Heels anzutreffen.

hier war, blutjung und voller Übermut. Oder der Direttore mit angegrauten Schläfen, der zu üppigen Gartenfesten mit Feuerwerk und Prosecco einlädt, garniert mit mitternächtlichen Sprüngen ins lauwarme Meer, mit Gekreisch und Spritzduellen.

Alles ist besser, als an einen Schlafversuch im dumpfwarmen Haus zu denken, mit sieben oder zehn anderen eingepfercht in einem kleinen Zimmer. Da wälzt sich einer unablässig von einer Seite zur anderen, bohrt seinem Nachbarn spitze Ellbogen in die Rippen. Ein dickwanstiger Braunbär schnarcht und grunzt. Die kleine Süße flüstert: «Da summt sie schon wieder», geht auf Mückenjagd, stolpert über Beine und klatscht. Einer ruft im Traum: «Du Schreckschraube!» Eine hält es nicht mehr aus und schleicht an die sich langsam und nur wenig abkühlende Nachtluft. Die muss mondsüchtig sein. Doch anstelle des Vollmonds hängt am Firmament eine blasse Sichel, die den Eindruck macht, es sei dort oben eiskalt. Beim morgendlichen Cappuccino, gegen Mittag zubereitet von der Großmutter, konstatieren nicht wenige: «Wir leiden unter dem ‹Sindrome Stromboliana›». Andere erwidern: «Ach, es ist Ferragosto.» Wahrsager prophezeien, die neue Krankheit werde die Medizin noch vor unlösbare Rätsel stellen.

An Badestränden mangelt es wenig, weniger als auf den meisten Schwesterinseln. Entleert sich ein Touristenboot aus Kalabrien oder Lipari, überschwemmen 300 Gäste simultan den Pontile und teilen sich in zwei Ströme. Die eine Hälfte wendet sich gleich dem nahen schwarzen Strand zu, eilig bestrebt, sich auf dem Badetuch auszustrecken und einen Kriminalroman zu lesen. Die Kinder fühlen sich im Element. Sie galoppieren durch die sanften Strandwellen, planschen und spritzen, bauen Sandburgen und brüllen, wenn einer ihnen die Schaufel stibitzt.

An einer malerischen Badebucht von Piscità.

Wer weder baden noch Steine oder Muscheln suchen will, zieht vom Landesteg hinauf zur Kirchenterrasse. Schlurfend und schnatternd verstopft der Touristenzug unweigerlich die Verkehrsachse. Elektromobile und Ape bleiben im Gedränge stecken. Rufe und Hupkonzerte. Willkommen sind die Gäste jedoch in den Boutiquen, Imbissbuden und Läden der Gasse. Da werden Halstücher mit Geckomuster angeboten, Hotpants, Amulette aus Obsidian, Korallenketten, Büchsenbier, Wein, Sandwiches mit Mortadella oder Schinken, Sonnencreme oder Postkarten. Oben auf dem Kirchplatz lutschen viele an einem Cono, wie man die Tüten mit dem schmackhaften italienischen Eis nennt, trinken Eistee oder schauen den Bergführern zu, die Helme an Rucksacktouristen verteilen. Wer in der Bar Ingrid einen Stuhl ergattert hat, kann hämisch grinsend mit ansehen, wie bereits das nächste Boot am Pontile anlegt.

Zum Trost der Einheimischen und Inselfans in Urlaubsstimmung: Der entferntere Teil von San Vincenzo und ganz San Bartolo bleiben von der Großinvasion der Kurzaufenthalter verschont. Schon am geschwungenen Strand von Ficogrande leiden die Badegäste selten unter Platzmangel. Dort liegt das beste Hotel der Insel, *La Sirenetta*, wo die Gäste nach Strich und Faden verwöhnt werden. Es wurde in den Fünfzigerjahren von Domenico Russo gegründet, einem Lehrer (s. S. 54), der auf Stromboli und in Rom unterrichtet hatte. Als Großvater sitzt er oft draußen und sinnt vergangenen Zeiten nach. Seine

Für Stimmung in der Diskothek «Mega» sorgten der Dorfpfarrer mit funkelndem Kreuz auf der Brust, eine Touristin und Nino an der Gitarre.

verstorbene Frau war die Tochter des legendären Inselarztes Francesco Renda. Das Hotel wird heute von der nächsten Generation geführt. Auf die Bucht von Ficogrande blicken auch die Terrassen des Hotels *Miramare*, einer sehr sympathischen Bleibe, und nordwärts auf der ersten richtigen Lavaklippe das *Albergo Stromboli*. Doch richtig romantisch werden erst die kleinen Buchten, die zwischen den schwarzroten Klippen von Piscità eingebettet sind. Dort entflammte schon mancher Urlaubsflirt. Am Ende der Häusergruppe lädt die Spiaggia lunga, tatsächlich der längste Strand der Insel, zu Spaziergängen und zum Bade ein.

Zu Ferragosto ist für Abendunterhaltung gesorgt. Das Dancing *Mega* zuhinterst in Scari floriert. Dem Vernehmen nach geht der Betrieb erst gegen zwei Uhr nachts so richtig los. Auch kann es durchaus passieren, dass ein Pfarrer mit funkelndem Kreuz auf der Brust zu Gitarrenmusik singt. Im Amphitheater hinter dem Hotel Sirenetta, das von der Europäischen Union mitfinanziert wurde, finden Konzerte oder Theateraufführungen statt, im Juni natürlich auch die Feiern zum Schulabschluss. Die Buchhandlung von *Chiara Bettazzi*, die den Katzen eine ebenso gute Mutter ist wie die Französin Aimée, lohnt allein einen Ausflug nach San Bartolo. Was Leseratten suchen, finden sie: Romane, Reiseführer, Fotobände und geologische Fachliteratur. Wer über keinen Computerzugang verfügt, kann seine E-Mails abrufen. Tablets, iPods oder iPads machen das nur überflüssig, wenn man sich an einen Ort begibt, wo nicht Funkstille herrscht. Im Garten der Buchhandlung werden wie erwähnt Filme gezeigt oder Bilder- und Buchvernissagen durchgeführt.

Übernachten unter dem Sternenhimmel ist auf der ganzen Insel verboten, auch das Aufstellen von Zelten. Zuwiderhandelnde haben Bußen zu gewärtigen, ebenso Motorradfahrer ohne Helm und diejenigen, die in falscher Richtung durch die Einbahnstraßen rattern.

Der ehemalige Prototyp eines Papagallo war *Carmelo*, dem angeblich eine Französin ein Motorboot und eine Germanin das rote Würfelhaus in Scari schenkte. Lässig pflegte er mit «Käppi» und T-Shirt, auf dem «Cinecittà» oder «Produzioni Cinetelevisive Milano» geschrieben stand, am Geländer des Pontile lehnend Ausschau nach Schönen zu halten. Im fortgeschrittenen Alter jammerte er, die Insel wende sich zum Schlechten. Bei diesem Radau überlebe man nur noch in den obersten Häusern des Dorfs. Da er sich mit dem Pfarrer überworfen hatte und als Atheist bekannt war, wollte man ihn nach seinem Tod nur draußen vor dem Eisentor des Friedhofs begraben. Doch weit gefehlt: Wie von Zauberhand herbeigerufen, tauchten auswärtige Damen auf. Unterstützt durch kräftige Insulaner, bestatteten sie Carmelo klammheimlich in tiefer Nacht innerhalb der Friedhofmauern. «Carmelo, beato lui», «der Glücklichselige», steht auf der schlichten Grabplatte. Noch immer liegt darauf, weniger oft nun allerdings, eine frische Rose.

Der zur Legende gewordene Carmelo beim Ausschau nach einer Schönen (60er Jahre).

Wer nicht an die Sommerferien gebunden ist und gerne auf den Trubel verzichtet, meide den August. Ruhiger ist es noch bis Anfang Juli und nach den ersten Septembertagen. Am schönsten sind Mai, Juni, zweite Hälfte September oder Oktober. Der Winter hat seine besonderen Reize. Dann sind jedoch die meisten Hotels, Läden und Wirtschaften geschlossen, die Temperaturen empfindlich kühl und die Luft sehr feucht. Wen wunderts, dass Rost ein typisches Element der Insel ist? Wenn Sturmböen mit gegen 100 km/h die Insel rein fegen, der Vulkan abgründig grollt, lässt sich in der Wärme eines Schwedenofens oder am flackernden Kaminfeuer gemütlich über Gott und die Welt diskutieren. Und nicht selten bleibt das Meerwasser bis im November angenehm warm.

163

Was aus Stein und Pflaster entsteht

Wer im Frühling, Spätherbst oder Winter auf die Insel kommt, wundert sich über die emsige Bautätigkeit. Da rattern Traktoren, raspeln und quietschen Zementmischer, scharren Bulldozer, fressen sich Bohrmaschinen unter ohrenbetäubendem Knattern in alte Mauern oder Lavafelsen. Dabei hätte man schon vor Jahren glauben können, alle Ruinen seien längst in Häuser verwandelt. Noch aber gibt es sie, und an renovierten Gebäuden blättert der Verputz schon wieder ab, knarren und lottern Fenster und Türen. Das aggressive Meerklima fordert seinen Tribut und trägt dazu bei, dass den Handwerkern die Arbeit nie ausgeht.

Der Erdbebenriss in einer Hauswand wird fachmännisch zugemauert.

Eine der wenigen verbliebenen Ruinen in Piscità.

Der Aufschwung des Tourismus im späten 20. und frühen 21. Jahrhundert löste einen Bauboom aus. Noch 1960, als der Wunsch von Norditalienern und Ausländern, ein Domizil auf der Insel zu erwerben, zuzunehmen begann, waren die Ruinen und baufälligen Häuser weit in der Überzahl. Weitsichtige Strombolaner sattelten aufs Baugewerbe um. Sich auf die Tätigkeiten der Vorfahren zu beschränken, auf Segeltransport, Fischfang, Rebbau, Backen und Weben, entsprach nicht mehr dem Zeitgeist. Um in der modernen Welt zu bestehen, musste man Geld verdienen. Tauschgeschäfte gehörten der Vergan-

Altherkömmliche
Deckenkonstruktion
aus Kastanienbalken
und Pfahlrohr.

Keramikplatten mit
Hirschen, wie sie
früher für Küchen
und Böden verwen-
det wurden.

genheit an, Einkaufen war zum Imperativ geworden. Man brauchte Motorfahrzeuge, Waschmaschinen, Kühlschränke und Fernsehapparate. Und das
kostete.

Was lag da näher, als Angelruten, Reusen und Netze mit der Pflasterkelle zu
vertauschen? Vulkansteine zu behauen und Mauern zu bauen beherrschten die
Insulaner seit Jugendjahren durch Learning by doing. Ihnen war geläufig, welche Eigenschaften ein inseltauglicher Mörtel oder Kalk haben musste, wie ein
Dach aus Balken und einheimischem Pfahlrohr zu konstruieren war. Wovon sie
aber keine Ahnung hatten, waren abstrakte Gesetze. Der moderne Staat erfand
Bauvorschriften, Natur- und Denkmalschutzzonen, Versicherungen und Ab-

gaben. Zudem waren sie es nicht gewohnt, mit einer anspruchsvollen Bauherrschaft umzugehen. Willkommen war darum ein gewandter Ausländer wie Suso Bucher, der als Kunstmaler auf die Insel gekommen war, dann aber sein Talent zum Architekten und Bauleiter entdeckte. Er kam auf die Idee, die Mauer aufzubauen, die monumental, wuchtig und elegant aus einer Bucht von Piscità ragt und zugleich die Terrasse stützt, auf der die Häusergruppe des Künstlers Hans Falk steht. Bucher war es ein Anliegen, die althergebrachten äolischen Formen mit ihrem besonderen Gepräge zu bewahren und durch passende neue Elemente zu ergänzen. Er zeigte den Strombolanern, dass neu nicht unbedingt besser heißt, altes in neuer Form ästhetisch und modern zugleich wirken kann. Er knüpfte Kontakte zu Lieferanten auf dem Festland und machte auf die Notwendigkeit von Versicherungen aufmerksam.

Heute sind die Maurer von einst zu Bauunternehmern avanciert. Sie leiten Gruppen mit Sizilianern, Osteuropäern, Schwarzafrikanern oder Tamilen, verwenden verschiedenste Vehikel und besorgen das benötigte Material. Trotzdem lauern Konflikte. So kann es bei einer Polizeikontrolle der Baustelle passieren, dass nicht alle Angestellten versichert sind, was eine saftige Buße nach sich zieht. Bestraft wird jede Missachtung der strengen Baugesetze. Stromboli ist eine «Area Protetta», eine geschützte Zone, in der besondere Vor-

Nordfassade der Kirche von San Bartolo. Davor das neu über einer Ruine aufgebaute Haus des Bergführers Zazà.

schriften gelten. Äußerlich dürfen alte Häuser in keiner Weise verändert, neue nur dort errichtet werden, wo Reste eines Fundaments zum Vorschein kommen. Die Größe und Form, soweit in den Akten oder auf Fotografien dokumentiert, müssen übereinstimmen. Neue Fenster aus der Fassade zu brechen braucht eine Spezialbewilligung. Lauter Gründe für Kontroversen und Streitigkeiten mit Nachbarn oder Polizeiorganen. Bei erwiesener Übertretung von Gesetzen wird der Hausbau blockiert und versiegelt. Oft kommt es zu Klagen vor Gericht. Doch die Prozesse laufen in Zeitmaßstäben ab, die nur Iddu nicht ergrauen lassen.

Grün hinter den Ohren, kauften Ausländer 1987 ein Haus, das vorher zweimal seinen Besitzer gewechselt hatte. Es stand fest, dass der Anbau eines Bades «abusivo» war, das heißt vor Jahren ohne Bewilligung der Behörden erstellt worden war. Der frühere Eigentümer beteuerte mit seinem Ehrenwort, die fällige Buße habe er längst entrichtet, obwohl nicht er, sondern der Vorbesitzer den unerlaubten Anbau auf dem Gewissen habe. Auch musste jedermann einleuchten, dass jedes Haus eine Toilette und ein Bad brauchte. «Alles in bester Ordnung», bestätigte der anwesende Notar. Jahre nach dem Hauskauf figurierte im Kataster von Messina, wie ein Geometer eines Tages entdeckte, weiterhin der Vorgänger als Besitzer. Dieser Mangel wurde 1995 behoben. Wie aus heiterem Himmel erhielt darauf der Begriff «abusivo» neue Aktualität. Ein eingeschriebener Brief enthielt die Neuigkeit, das Bad sei unerlaubt angebaut worden, was eine Buße zur Folge habe. Proteste blieben unbeantwortet. Der Geometer riet, in den sauren Apfel zu beißen. Wiederum drei Jahre später folgte ein Schreiben, diesmal vom Amt für Kultur- und Umweltschutz in Palermo, dass der unerlaubte Anbau die Natur geschädigt habe. Nach neuestem Gesetz sei das gebührenpflichtig. Erneut gab es keine bessere Lösung, als beide Augen zuzudrücken. 21 Jahre nach Unterzeichnung des amtlich beglaubigten Kaufvertrags geschah das Unglaubliche: 2008 traf die mit Stempeln versehene Bescheinigung ein, der Hausbesitz sei nun rechtsgültig.

Ein anderes Haus wurde fast gleichzeitig zweimal verkauft. Zuerst durch den Besitzer gemäß Gewohnheitsrecht und wenig später durch den wirklichen Eigentümer, der in Australien lebt und nur zurückgekehrt war, um sein Hab und Gut zu versilbern. Zu Ungunsten des Letzteren bestimmt das Gesetz, dass jemand ein Haus sein Eigen nennen darf, wenn er es mehr als zwanzig Jahre unterhalten, selbst bewohnt oder vermietet hat. Die Kontrahenten rauften sich zwar die Haare, waren aber weise genug, sich gütlich durch einen Vergleich zu einigen.

Noch skurriler ist die Geschichte einer Dame, die seit Jahren ihre Liegenschaft bewohnt. Eines Tages erfuhr sie, dass sie zwar das Haus, nicht aber Grund und Boden besitzt, auf dem es steht. Rechtmässige Eigentümerin davon ist eine Frau, deren Land in Umkehrung der Dinge der Erstgenannten gehört. Irgendwann scheint das Katasteramt die Grundstücke verwechselt zu haben.

Typisches zwei-
stöckiges Haus
am Steilhang über
Scari.

Rundbackofen,
Waschtrog und
Ablageflächen in
Ginostra. Früher
wurden viele Haus-
arbeiten im Freien
erledigt.

Veranda, auf der sich das Leben in der warmen Jahreszeit abspielt (links).

Darunter der Vorplatz eines Hauses am Abhang des Timpone di Ginostra mit Ausblick auf die Nachbarinsel Panarea und den vorgelagerten Basiluzzo.

Charakteristische Außentreppen zum ersten Stock. Durch eine Lücke guckt der Strombolicchio im Abendlicht.

Häusergruppe des Scalo dei Balordi, wie sie Erzherzog Ludwig Salvator 1896 antraf.

Kehren wir zu Erbaulicherem zurück, zur Architektur. Wie ursprünglich, geradezu archetypisch ist doch das traditionelle äolische Haus, das seine griechische Herkunft nicht verleugnen kann. Bauelemente sind der Kubus, die Außentreppe, Rundbögen, die Halbkugel des Backofens und die Säulen für das Schatten spendende Pfahlrohrdach der Veranda. Hinzukommen die sogenannten «Servizi» mit Waschbrett, Rüstplatz und Schüttstein. Die Häuser sind ein- oder zweistöckig. Wie in Griechenland sind sie weiß gekalkt. Davon gibt es wenige Ausnahmen, etwa das erwähnte rote Haus von Carmelo. Auf dem Flachdach wird das Regenwasser gesammelt und über Ablaufrohre in die Zisterne geleitet. Mehr Wasser stand den alten Strombolanern nicht zur Verfügung. Sie haben sich und ihre Kleider im Meer gewaschen, Licht mit Öl- oder Petroleumlampen erzeugt und die Backöfen mit Brennholz aus der Macchia eingeheizt. Auf der Veranda oder dem Hof zwischen den Kuben spielte sich während der warmen Jahreszeit das Familienleben ab. Die Zimmerdecken bestanden ebenfalls aus Pfahlrohr, getragen von Balken aus sizilianischem Kastanienholz. Auf dem Solaio, einem Zwischenboden, bewahrten die Strombolaner gedörrten Fisch auf, in Salz konservierte Kapern sowie Dörrfrüchte, Olivenöl und Wein.

Erst in den letzten Jahrzehnten wurden die Hausmauern durch den Einsatz von Backsteinen schmaler. Die früheren Mauern aus Vulkangestein sind meterdick und widerstehen oder widerstanden den trotz der Vulkanaktivität relativ raren, heftigen Erdstößen. Minibeben sind allerdings häufig. Sie lassen sich mit Seismografen sogar auf Küchensimsen registrieren, wie Wolfgang Müller, der deutsche Ingenieur und Vulkanologe, jedem Interessierten bewies. «Ich hätte schon Spaß, wenn eine Bombe auf unser Dach plumpsen würde», pflegte

172

er zu sagen. Nun haust er drüben am Ätna und dreht weiter wagemutig fesselnde Vulkanfilme.

Erzherzog Ludwig Salvator von Österreich hat die Dörfer und deren Häuser mit viel Wirklichkeitssinn gezeichnet. Wenn man heute Vergleiche zu seinen Gravuren von Ende des 19. Jahrhunderts zieht, ist man erstaunt, dass einzelne Häusergruppen fast unverändert geblieben sind. Ein gutes Beispiel dafür ist der Scalo dei Balordi. Wie man sich das Leben von damals in den weißen Würfeln vorzustellen hat, geht aus des Erzherzogs acht Bänden über die Äolischen Inseln anschaulich hervor (s. S. 48).

Zum Vergleich: Die architektonischen Elemente am Scalo dei Balordi blieben weitgehend erhalten. Links außen der «Turm der sieben Winde».

Kraken, Geckos und Bergziegen

Kapitän *Nemo* war davon besessen, im Unterseeboot *Nautilus* nach Ungeheuern zu suchen, die gemäß Seemannsgarn Schiffe umklammerten und mit sich rissen. Die Riesenkraken sind Jules Vernes Fantasie entsprungen. Sie hausten 20 000 Meilen tief auf dem Meeresgrund und lieferten den Matrosen erbitterte Kämpfe. Heute wissen die Zoologen, dass es derart gigantische Kraken gar nicht gibt, dafür Riesenkalmare mit zehn und nicht nur mit acht Fangarmen.

Der *Krake* ist Realität auf Stromboli. Er wird auch als Oktopus oder Kopffüßer bezeichnet und ist eng mit dem Tintenfisch verwandt. Mit Vorliebe lauert er in den Gewässern am Fuß der Feuerstraße auf Beute. Wie französische Meeresbiologen und Forscher der «Zoologischen Station Anton Dohrn» in Neapel beschrieben und auf Videofilm festgehalten haben, suchen die Kraken Deckung unter einem Überhang, sobald sie niederfrequente Signale (1,5–4 Hertz) wahrnehmen. Für Menschen unhörbar, gehen diese den Ausbrüchen kurz voraus. Die Kopffüßer warten im Versteck, bis herabkollerndes Glutgeröll ins Wasser saust und unvorsichtige Krabben und anderes Getier erschlägt. Dann machen sie sich schleunigst über die Beute her. Auch Plattfische und Sägebarsche tun sich an den Getroffenen gütlich.

Die genannten Wissenschaftler untersuchten das Verhalten der Stromboli-Kraken eingehend. Diese schwimmen Kopf voran, mit vorspringenden Augen und Schlitzpupillen, und ziehen stromlinienförmig die acht mit Saugnäpfen bestückten Fangarme hinter sich her. Ihrerseits fürchten sie die Nesselfische und deren Tentakel oder die Muränen, die, in Vertiefungen sitzend, gierig ihre Mäuler auf- und zuklappen – auch die eleganten Konga-Aale. Gegen diese Widersacher wehren sich die Kraken, indem sie sich bei Gefahr mit Tintenwolken vernebeln und in Höhlen zurückziehen. Vor der Paarung kämpft das Männchen um die Gunst seiner Auserwählten. Die Rivalen gehen aufeinander los und verknäulen sich mit 16 Fangarmen. Nach der Befruchtung legt das Weibchen Eierketten, die den Fischen als Nahrung sehr willkommen sind. Um die Brut vor Räubern zu schützen, versperrt es seinen Höhleneingang mit Steinen. Doch geschlüpft und ins freie Wasser gelangt, werden die jungen Kraken zur leichten Beute der Fische. Wenige überleben dank ihrer Tarnfarbe. Die Krakenmutter hingegen, die ihre Pflicht erfüllt und seit der Eiablage nichts mehr gefressen hat, stirbt erschöpft und ausgezehrt.

Auf seinen mit Saugnäpfen bewehrten Füßchen klettert ein Gecko die Mauer hoch.

In fast 300 m unter der Wasseroberfläche fanden die Forscher vor Stromboli ein antikes Schiffswrack, auf dem Langusten krabbelten. Mondfische, bis zu zwei Meter lang und mit Zähnen bewaffnet, schwammen über alte Amphoren für Öl und Wein.

Amateurtaucher und Schnorchler finden ein spannendes Betätigungsfeld rund um die Insel. Um nicht das Schicksal der Krabben zu erleiden, meide man die Seite der Sciara. Weit besser eignet sich die paradiesische Unterwasserwelt bei der Punta dei Corvi oder die Umgebung des Strombolicchio. An den Felsabbrüchen des uralten Vulkanschlots lässt sich gelegentlich ein Pfeilhecht oder sogar ein Barracuda entdecken. Brassen oder Saragos kommen vor, Petersfische, Wolfsbarsche, Drachenköpfe, Schwärme von Kleinfischen, Schwämme, Seeigel und rote fünfzipflige Seesterne, selten genug eine Languste. Früher saßen Letztere reichlich auf den Klippen. Nur auf der entlegensten Äolischen Insel, auf Alicudi, kann es noch heute geschehen, dass ein Fischer bei Ankunft eines Flügelboots lebende Prachtexemplare der stachligen Leckerbissen anbietet. Auch die Korallen sind rar geworden.

Der silbrige *Thunfisch* mit mondsichelförmiger Schwanzflosse ist gesellig, wendig und flink. In wenigen Sekunden kommt er auf eine Geschwindigkeit von 80 km/h. Aus dem Atlantik herangeschwommen, laicht er im Frühjahr im Mittelmeer. Er wird erst nach 5–7 Jahren reproduktionsfähig und kann ein Gewicht von bis zu 300 kg erreichen. Als Speisefische sind die Weißen, die Roten und die Gelbflossen-Thunfische besonders begehrt. Die Roten werden in Japan zu Sushi verarbeitet und in Mengen verspeist, längst auch in Europa und Amerika, die Weißen bevorzugt in Büchsen angeboten. Wer je den Fischmarkt von Tokio gesehen hat, befällt ein leises Schaudern. Der Thunfischbestand der Weltmeere hat drastisch abgenommen. Internationale Schutzmaßnahmen werden vielfach missachtet. Zudem hat die Ortung der Schwärme über Satelliten zu ihrer Dezimierung beigetragen.

Früher wurde um Sizilien, die Äolischen Inseln und Sardinien die sogenannte Tonnara zelebriert. Im Mai legten die Fischer riesige Netze im Halbkreis aus und versuchten, einen Schwarm zu umzingeln. Gelang dies, schlossen sie die Netze zu einem Kreis und zogen sie zusammen. Die Fische, immer dichter gedrängt, zappelten wie wild. Doch sie konnten nicht entwischen, wurden mit Harpunen aufgespießt und in die Boote gezerrt. Das Wasser mit den silbern aufblitzenden Fischleibern färbte sich blutrot. Wer eine Tonnara miterleben will, kann den Rossellini-Film «Stromboli, Terra di Dio» ansehen und Ingrid Bergmans Entsetzen nachempfinden.

Vor wenigen Jahren kreuzte eine spanische Fischerflotte vor Stromboli. Ihr Versorgungs- und Magazinschiff warf zwischen Ficogrande und Strombolicchio ein Rundnetz aus, in das die entsandten Kutter täglich ihren lebenden Fang entleerten. Die Fischer verwendeten Schleppnetze, in die allzu oft auch Schwertfische und Delfine gerieten. Wo die Thunfische schließlich getötet, filetiert und zum Versand nach Japan vorbereitet wurden, wusste niemand. Der Massenfang war beispielhaft dafür, wie gründlich ihr Bestand im Mittelmeer und andernorts reduziert wird. Viele sprechen von der drohenden Ausrottung der Thunfische. Und die Preise in Japan steigen und steigen.

Seit etwa 10–15 Jahren herrscht an gewissen Küsten eine Medusenplage, nicht allein auf Stromboli, sondern weit verbreitet in Mittelmeer, Atlantik und Pazifik. An der Côte d'Azur werden außerhalb beliebter Badestrände bereits Netze angebracht, um die Quallen fernzuhalten. Die Standorte der *Medusen oder Quallen* wechseln von Tag zu Tag, je nach der Strömung. Vor einem Bad fragt man am besten die anwesenden Gäste: «Ce ne sono?» («Hats welche?»). Schnorchler sind im Vorteil, da sie die gallertartigen Weichtiere unter der Wasseroberfläche sehen und ihnen ausweichen können. Auf der Unterseite ihres Schirms, der durch Zusammenziehen der Fortbewegung dient, sitzt der Mund. Dort hangen fadendünne, lange Tentakel oder Fangarme. Damit packen die Quallen ihre Beutetiere oder nutzen sie zur Verteidigung. Sie sind mit Nesselzellen besetzt, die ein Gift enthalten. Bei Berührung wird es freigesetzt und ruft einen brennenden Schmerz auf der Haut hervor. Allmählich rötet sich die betroffene Stelle, auf der sich sogar Blasen entwickeln können. Die im Volksmund empfohlenen Behandlungen sind leider oft reiner Hokuspokus. Bewährt hat sich, die betroffenen Areale zu desinfizieren und mehrmals Cortisonsalbe aufzutragen. Dadurch lassen sich lästige Folgen am ehesten vermeiden oder wenigstens lindern.

Weshalb nehmen die Medusen überhand? Zumindest mitverantwortlich scheint zu sein, dass ihre natürlichen Feinde wie die Thunfische, Wasser-

Gottesanbeterin

Als wir gemütlich auf der Veranda plauderten, rief Nino: «Avete voglia di vedere una mantide religiosa?» Da wir nicht verstanden, was er meinte, stach uns die Neugier. Im Garten kauerten wir nieder, um das grüne Tierchen von etwa 60–80mm Länge anzusehen. Es saß auf einem grünen Strauch, drehte seinen dreieckigen Kopf unabläßig hin und her, blieb aber sonst regungslos. Seine Fangbeine waren mit gekrümmten Dornen und einer Endklaue ausgerüstet: eine *Gottesanbeterin* (Mantis religiosa). Die seltsame Kreatur gehört zur Gattung der Fangschrecken. Einmal aus den Eiern geschlüpft, durchlaufen die Jungtierchen mehrere Larvenstadien und sind im Juli oder August ausgewachsen. Nach der Begattung im Frühling fressen die größeren Weibchen manchmal ihre kleineren Partner auf, sonst lauern sie auf Insekten. Um von ihren Beutetieren nicht bemerkt zu werden, verharren sie längere Zeit in absoluter Ruhe.

schildkröten und Schwertfische zunehmend seltener anzutreffen sind. Zudem begünstigen der Anstieg der Wassertemperatur und die Überdüngung eine Vermehrung des Planktons, der bevorzugten Nahrung der Quallen. Aber es gibt auch positive Überraschungen: Im Sommer 2011 gab es nur ganz wenige, das Baden war ein reines Vergnügen.

Die Medusen spielten schon in der griechischen Mythologie eine Rolle. Die Gorgone Medusa war die sterbliche Tochter eines Götterpaars und wunderschön. Als Hera, die mächtige Gattin des Zeus, sie beim Liebesspiel mit Poseidon überraschte, verunstaltete sie die Unglückliche, indem sie deren Haarpracht zu Schlangen verwandelte. Wer Medusa nur ansah, sank vor Schreck tot um. Mit gütiger Hilfe von Pallas Athene und unter dem Schutz von Schild und

Spiegel gelang es Perseus, ihr den Kopf abzuschlagen. Das Gorgonenhaupt war nicht nur ein Sujet für Künstler der Antike. Auch Peter Paul Rubens verewigte es in seinem Werk.

Vor vierzig Jahren haben wir noch eine gesichtet: «Una tartaruga!», schrie plötzlich der Bootsführer, stoppte und wollte sie einfangen. Zu unserer Genugtuung paddelte sie davon und tauchte unter. Auf Nimmerwiedersehen. Sonst wäre die *Wasserschildkröte* im Suppentopf gelandet. Wer einen hübschen Panzer hat, schmackhaftes Fleisch und seine delikaten Eier im Sand vergräbt, wo Sonnenhungrige baden wollen, wird unbarmherzig ausgerottet. Was nützt da ein Verbot, Lady-Curzon-Suppe zu essen? Oder die Bemühungen des Zoologischen Instituts von Neapel? Dort werden verletzte Tiere eingeliefert, nach allen Regeln der Kunst behandelt, aufgefüttert und wieder in die Freiheit entlassen. Auf Stromboli haben mehrere Auswilderungen stattgefunden. Vergeblich, soweit wir beurteilen können. Trösten kann man sich höchstens mit den strikt überwachten Reservaten in Costa Rica oder mit Heike von Schlebrügges reizvollem Märchenbuch «Als die Schildkröte nach Stromboli kam».

Eine Ode an die *Zugvögel*. Im Frühjahr schwirren Schwalben im Zickzack über den Dörfern und dem Macchia-Gürtel oder pfeilen durch die Gassen, stets auf der Jagd nach den ersten Insekten. Sie kommen aus dem Winterquartier in Mittel- oder Südafrika und bleiben nur wenige Tage auf der Insel, bevor sie die Reise gen Norden fortsetzen. Seltener tönen Kuckucksrufe von den Berghängen oder kreisen Störche und Kraniche über den Siedlungen. Im Herbst lassen sich Schwärme von Singdrosseln im Geäst von Eukalyptus-Bäumen nieder und schwatzen laut durcheinander, bevor es dunkel und sobald es wieder hell wird. Wahrscheinlich sind sie auf dem Weg nach Sizilien und Nordafrika. Nicht nur

Calabrone, eine Hummelart, sammelt Blütenhonig im ersten Sonnenlicht.

Spanien und die Meerenge von Gibraltar, sondern auch Italiens Stiefel und die Mittelmeerinseln bieten sich als Flugrouten für die Zugvögel an. Notwendig sind Zwischenhalte, um Nahrung aufzunehmen und die Energiespeicher wieder zu füllen. Auch die Nachtigall ruht sich hier aus, bevor sie weiterfliegt. Im Herbst setzte sich ein Silberreiher, der zu den Teilziehern gehört, auf einen Abfallhaufen und zielte mit spitzem Schnabel auf Mäuse. Seine Gattung wurde fast ausgerottet, da die weißen Federn in der Damenmode begehrt waren. Während der letzten Jahrzehnte hat sich ihr Bestand wieder leicht erholt.

Standvögel auf Stromboli sind Spatzen, Amseln, Raben und Weißkopfmöwen. Letztere nisten, wie erwähnt, ausgerechnet auf dem Ostrand der Sciara del Fuoco. Unter der Olive zu frühstücken ist besonders vergnüglich, wenn ein Paar Samtkopf-Grasmücken durch die Zweige hüpft und zwitschert. Im Dialekt heißt der graubraune Vogel mit schwarzer Mütze «Occhiocotto», weil seine Augen rot umringt sind. Ein Ohrenschmaus, wenn ein Zaunkönig trillert. Der Distelfink oder Stieglitz sowie der Wiedehopf, die beide nördlich des Alpenkamms vorkommen, sind auch auf der Insel heimisch. Mit etwas Glück lassen sich die prächtigen Vögel beobachten.

Ein typisches Insekt ist die schwarze Hummel mit dunkelblau schillernden Flügeln, die hier als *Calabrone* bekannt ist. In den Wörterbüchern findet man Hornisse als Übersetzung, was kaum der hier vorkommenden Gattung entspricht. Die Calabroni sind unglaublich fleißig und bestäuben alles, was blüht.

Beim Wandern fliehen *Eidechsen* auf Schritt und Tritt, verstecken sich im Gras oder in Ritzen. Auf Mauern und Treppen liegen sie da und schnappen blitzschnell zu, sobald ein Insekt in Reichweite gerät.

Nachtaktiv ist der *Gecko*, der mit seinen Saugnäpfen an den Füßchen mühelos und rasant über Wände und Zimmerdecken läuft, um dann auf Insekten zu

warten. Er wurde zum Lieblingstier erkoren. Boutiquebesitzer bieten ihn an in Form von Holz-, Stein- und Silberfiguren sowie als Motive auf Stoffen.

Verwilderte Ziegen weiden am Rand der Feuerrutsche.

Ein einheimisches Säugetier ist das *wilde Kaninchen*. Ihm stellen die Strombolaner seit jeher nach, mit Gewehr oder Fallen. Die scheuen Hoppeltiere lassen sich in natura selten blicken. Zuweilen trifft man auf ihre schwarzen Kügelchen oben am Berg. Ihr Fleisch gilt als Leckerbissen.

Gerade erwacht, pflegen die *Fledermäuse* in die Abenddämmerung hineinzuflattern und ihre Flugakrobatik beim Insektenfang vorzuführen. Trotz Radarlot verirrte sich einmal eine Fledermaus in unser Schlafzimmer und suchte verzweifelt den Weg ins Freie.

Eine relativ neue Erscheinung an den Vulkanflanken sind die Gämsen. Gämsen? Nein, etwas schwerfälliger sind sie schon, trotz der für ihre Gattung erstaunlichen Beweglichkeit oben im steilen und rutschigen Gelände. Es sind verwilderte *Ziegen*, denen man recht häufig am Rande der Feuerstraße begegnet, zum Teil an schwindelerregenden Orten. Vor Jahren sind sie aus einem Stall entwichen und konnten nicht mehr eingefangen werden. Böse Zungen behaupten, jemand habe ihnen mutwillig das Tor geöffnet. Die Ziegen fühlen sich wohl in der freien Natur und vermehren sich munter. Gejagt wurden sie bisher nicht, nicht einmal vor Ostern. Allerdings passen sie nicht ins fragile Ökosystem der Insel.

Wo Kapern und Lilien blühen

Im Frühling ist die Insel grün. Die winterlichen Regenfälle des Mediterraneums haben den Vulkangürtel zu neuem Leben erweckt. Als erste Lilie erfreut uns der *Affodill* (Asphodelus albus), der die Berghänge besiedelt und im März oder April blüht. Zu dieser Zeit kann man fast gewiss sein, ihn auf dem Weg nach Labronzo zu entdecken.

Noch weniger zu übersehen ist der ebenso früh blühende *Riesenfenchel* (Ferula chiliantha), der 3–4 m hoch wird, eine zentrale Dolde und zahlreiche goldgelbe Nebendolden aufweist (s. S. 33 unten). Laut dem griechischen Dichter Hesiod entwendete Prometheus das Feuer des Himmels mit einer Ferula. Das getrocknete Mark der Pflanze diente als Zunder, der im Innern des Stängels langsam schwelte und auf dem Weg vom Himmel zur Erde die Glut bewahrte. Die alten Römer verwendeten die nach dem Trocknen harten Stängel als Spazierstock oder zur Züchtigung von Sklaven.

Zu Frühlingsteppichen fügen sich die gelben und blauen *Lupinen* (Lupinus). Als Schmetterlingsblütler sind sie mit den Erbsen verwandt. Zur selben Familie gehört die *Glyzinie* (Wisteria). Die Zierpflanze rankt sich an Wänden oder Leitungen hoch, lässt ihre lilafarbenen Blütendolden mit Grazie baumeln. Sie riecht herrlich und schmückt manche Pergola.

Der *Ginster*, ebenfalls ein Schmetterlingsblütler, ist ein markanter Bestandteil des Macchia-Gürtels, der wahrscheinlich die ursprünglichen Steineichenwälder ersetzt hat. Im späten Frühjahr färbt er die Vulkanhänge bis zur Vegetationsgrenze in intensivem Gelb (s. S. 17). Besonders reichlich kommt der Stechginster vor (Ulex europaeus). Er hat schon vielen zerkratzte Arme und Beine beschert. Die Stacheln des sparrig verzweigten Strauchs schützen ihn vor fresslustigen Tieren. Andererseits macht ihn der Ölgehalt anfällig für Brände, die durch glühende Vulkangeschosse entfacht werden.

Auch der *Italienische Aronstab* (Arum) ist auf Stromboli heimisch. Die giftige Pflanze grünt über die Wintermonate, treibt im Frühjahr eine braune, kolbenförmige Blüte, die in ein Hüllblatt eingebettet ist und Aasgeruch verströmt. Nach der Befruchtung umgibt sich der Kolben mit knallroten Beeren.

Die *Baum-Wolfsmilch* (Euphorbia dendroides) ist für die Mittelmeerregion typisch. Sie bildet einen bis über mannshohen Strauch mit schirmförmiger Krone und säumt die Mulattiera. Ihr milchiger Saft ist ätzend und giftig. Der Busch widerspiegelt die klimatischen Verhältnisse insofern, als er regelmäßig der Sommerstarre verfällt. Nach der Hauptblütezeit im Frühjahr verdorren die

Über 90-jährig pflückt Angelina die begehrten Kapernknospen. Etliche sind bereits erblüht.

183

Die Kapernblüte
(oben und Mitte)
wird innerhalb
eines Tages zu einem
Pfeife schmauchen-
den Großvater.

Unten die seltene
wilde Bisamhyazin-
the mit blauviolet-
tem Wisch von
Scheinblüten.

Blühender Affodill,
eine typische Früh-
jahrslilie an den
bewachsenen Hän-
gen des Vulkans
(rechts).

Blätter. Sobald aber die ersten Herbstregen fallen, sprießt wieder zartes Blattgrün. Die Wolfsmilch bevorzugt meernahe Hänge mit felsigem Untergrund.

Wer Glück hat, kann die seltene Muscari oder *Bisamhyazinthe* (Muscari comosum) entdecken, im Schatten unter einem Busch versteckt oder gar auf dem Friedhof. Die fruchtbaren Blütenstände tragen einen blauvioletten, nach oben gerichteten Schopf aus Scheinblüten, die Insekten anlocken.

Der dekorative *Rizinus* (Ricinus communis), der Wunderbaum, ist eigentlich im tropischen Afrika zu Hause, doch gefällt es ihm auf Stromboli. Seine Blütenrispen tragen gleichzeitig weibliche und männliche Blüten, die Fruchtkapseln bergen drei Samen, aus denen das bekannte, drastisch abführende Öl gewonnen wird.

Im Frühsommer, wenn sich die Hänge des Vulkans rötlichbraun verfärben, blühen die *Kapern* (Capparis spinosa). Die weiße Blüte mit gelben Staubblättern ist so entzückend, dass man sie Orchidee des Mittelmeers nennt. Sie öffnet sich am Abend und welkt bereits gegen Mittag des folgenden Tages. Dabei können sich Großvaterbärte bilden. Ursprünglich stammt der Strauch aus Afrika und wird in Gärten kultiviert und gepflegt. Verwildert kommt er auf den einst am Berghang bebauten Terrassen vor. Die in der mediterranen Küche beliebten Kapern werden als Blütenknospen geerntet. Je kleiner sie sind, desto intensiver schmecken sie. Die kurzlebigen Blüten selbst werden durch ein halb entfaltetes Blatt gestützt, das einen Tropfen köstlich süßer Flüssigkeit enthält. Wegen ihres Wohlgeruchs wurden diese von den alten Äolianerinnen benutzt, um die Wäsche zu parfümieren. Man kann die Kapern auch ausreifen lassen. Die ovalen Früchte auf langem Stiel werden gerne zum Aperitif gereicht. Im Dialekt nennt man sie Cucunci, zu Deutsch Kapernäpfel oder -beeren.

Die immergrünen Sträucher der *Zistrosen* (Cistus) bewohnen die Macchia. Ihre weißen und rosaroten Blüten sind auffallend hübsch.

Nur bei Sonnenlicht öffnen sich die Kelche der *Roten Mittagsblume* (Mesambryanthemum acinaciforme) und entfalten amarantrote Blüten mit gelben Staubgefäßen. Bei aufziehenden Wolken und gegen Abend schließen sie sich jedoch rasch. Dadurch schützen sie die empfindlichen Stempel vor nächtlichem Tau oder Regengüssen. Die Sukkulente breitet sich über meernahe Lavafelsen und wenig begangene Terrassen aus.

Botanisch äußert sich die Globalisierung an der Präsenz von Pflanzen aus aller Welt. Auf den Äolischen Inseln besonders verbreitet ist die *Bougainvillea* oder Drillingsblume, deren Name den französischen Seefahrer und Entdecker Louis Antoine de Bougainville ehrt. Das Wunderblumengewächs aus Südamerika überwuchert Mauern, Verandadächer oder Zäune und verleiht ihnen je nach Gattung eine charakteristische Farbe. Seine drei bunten Hochblätter bilden Pseudoblüten. Die eigentlichen Blüten hingegen sind klein und unscheinbar.

186

Blick von Ginostra aus durch Bougainvillea-Zweige zum umwölkten Vàncori-Gipfel.

Wie die Bougainvillea ist auch der *Feigenkaktus* (Opuntia ficus-indica) amerikanischen Ursprungs. Als die Azteken von Nordamerika nach Süden wanderten, offenbarten ihnen die Götter, ihre Hauptstadt sollten sie dort errichten, wo ein Adler mit einer Schlange im Schnabel auf einem Feigenkaktus lande. Das geschah auf einer Insel im Texcoco-See im fruchtbaren Anáhuac-Tal, über dem die Fünftausendervulkane Popocatépetl und Ixtaccíhuatl thronen. Wie zahlreiche Kulturpflanzen – man denke nur an Kartoffel, Mais, Tomate, Kürbis oder Kakao – brachten die spanischen Eroberer im 16. Jahrhundert auch den Feigenkaktus nach Europa. Auf Stromboli könnte man glauben, er sei ein einheimisches Gewächs. Die Früchte reifen im Sommer an den Rändern der ovalen Blätterteller. Wer sich nicht scheut, die stachligen Dinger mit gebührender Vorsicht zu schälen, mag sie durchaus genießen.

Zu den Pflanzen lateinamerikanischen Ursprungs gehören auch die Araukarien, Passionsblumen und *Agaven*, deren Saft in Mexiko zur Herstellung des Pulque-Biers und des Tequila-Schnapses dient. Nach Jahren wächst aus dem Fächer der lanzettförmigen Blätter ein Blütenstand, dessen Stängel bis zu 12 m hoch wird. Nach der Blüte stirbt die ganze Pflanze ab. Die *Passionsblumen* (Passiflora) sind Zierpflanzen. Ihren Name erhielten sie von Christen, die in den zehn Blütenblättern die Apostel ohne Petrus und Judas sahen, in der Nebenkrone den Dornenkranz, in den fünf Staubblättern die Wunden Christi und in den drei Griffeln die Nägel zur Kreuzigung. Die *Araukarien* (Araucaria) aus Chile lernen wir in einem anderen Buchteil kennen (s. S. 196).

Im Frühsommer blüht der *Jasmin* (Jasminum officinale), dessen kleine weiße Blüten intensiv duften. Genüsslich kann man beim Vorbeigehen an ei-

Weg durch ein Pfahlrohrwäldchen. Schon bald nach dem Brand sprießt neues Leben.

Passionsblume, Hibiskus und Pankrazlilie blühen in Gärten, letztere in Punta Lena sogar in freier Natur.

ner Hecke schnuppern. Wen wunderts, dass die Chinesen aus den Blüten Jasmin-Tee zubereiten, der hervorragend zu ihren stark gewürzten Speisen passt. Die darin enthaltenen ätherischen Öle dienen auch zur Herstellung von Parfüms.

Der *Hibiskus*, eine Malvenart, erfreut die Sommergäste mit vielen Farbvarianten.

Das ganze Jahr präsent, im Winter aber nur als dürre aufrechte Pflanze, ist das *Pfahlrohr* (Arundo donax), dem Leser als Canna bekannt. Es wird oft mit Schilf verwechselt, hat einen Teil der Kulturterrassen überwuchert und bildet mit seiner Höhe von 6 bis 8 m eigentliche Wäldchen – etwa auf dem Plateau von Labronzo oder an der Südküste. Je nach Stärke des Windes lispelt, raschelt oder rauscht es auf den sie durchquerenden Wegen, die wie malerische Gässchen wirken. Nachts zirpen im Sommer ringsum die Grillen. Wie erwähnt, werden die Stängel zur Konstruktion von Dächern oder Zäunen verwendet, aber auch zur Herstellung von Rohrinstrumenten wie der Panflöte.

Die weiße *Pankrazlilie* (Pancratium maritimum) wächst wild in Punta Lena und wird jetzt auch in Gärten kultiviert. Sie bevorzugt die Küste und blüht im September zauberhaft.

Im selben Monat treibt die *weiße Meerzwiebel* oder *Scilla* (Urginea maritima) ihren imposanten Blütenstand. Sie gehört zu den Medizinalpflanzen. In ihrem ätzenden Saft enthält die Zwiebel das Glykosid Scillaren, das eine herzanregende Wirkung ausübt und in den Fünfzigerjahren noch häufig als Arzneimittel verschrieben wurde. Die lanzettförmigen Blätter kommen erst zum Vorschein, wenn die Blüte welkt oder bereits verwelkt ist. Während der kühlen Jahreszeit speichert die Scilla ihre ganze Kraft in der Zwiebel.

Eine weitere Pflanze, die medizinisch an Bedeutung gewinnt, ist der häufige und während vieler Monate blühende *Thymian* (Thymus). Eine Blüte abzuknipsen und daran zu schnuppern lohnt sich. Im Mittelalter steckten die Hofdamen ihrem favorisierten Ritter vor einem Turnier ein Thymian-Sträußchen an die Rüstung, was ihm Mut und Kraft verleihen sollte – in Anlehnung an das griechische Wort Thymos, das Lebenskraft bedeutet.

Der aromatisch riechende *Wermut* (Artemisia absinthium) kommt häufig vor und gehört, wie bereits in der Antike beschrieben, ebenfalls zu den Heilpflanzen. In Kästen aufbewahrt, soll er Mottenfraß verhindern. In Verruf geraten ist der Wermut, weil aus ihm nicht nur bitterer Tee, sondern auch Absinth zubereitet wird. Dieser Schnaps hat, so sagt man, auf Dauer eine gesundheitsschädigende Wirkung.

Die *Dattelpalme* (Phoenix) mit ihren typisch orientalischen Formen gefällt Touristen und Einheimischen gleichermaßen. Gemäß einem arabischen Sprichwort liebt es die Palme, ihre Füße ins Wasser zu strecken und den Kopf in den Ofen, wie in den Oasen der Wüste Sahara. Beide Bedingungen sind auf Stromboli nicht erfüllt. Das Klima ist nicht warm genug, um die Datteln reifen zu lassen, und das Wasser für die Wurzeln zu spärlich. Trotzdem reichte es nach einem besonders heißen Sommer bis zum Spätherbst beinahe.

Um den immergrünen Corbezzolo oder *Westlichen Erdbeerbaum* (Arbutus unedo) ranken sich Gedichte. Er blüht in Glöckchendolden zwischen Oktober und Dezember. Wer um diese Jahreszeit in Lipari aus westlicher Richtung auf den Monte Pilato steigt, kommt zu einem Pfad, der dem Bergrücken folgt und mit Bimssteinen übersät ist. Dazwischen glänzen Stücke von schwarzem Obsidian. Doch damit nicht genug: Erdbeerbäume säumen den Weg. Sie sind nur an schwer zugänglichen Orten erhalten geblieben, weil sie fast ausgerottet worden sind. Denn ihr zähes Holz eignete sich vorzüglich zum Schnitzen von Rebstützen und zum Einfeuern. Will man sie auf Stromboli finden, muss man Mario Cusolito um Rat fragen. Bis die kirschgroßen Beeren dunkelorange und damit reif werden, dauert es ein Jahr. Im Spätherbst hängen an den Zweigen gleichzeitig kleine weiße Blütenkelche, halbreife gelbe und reife rote Beeren, die köstlich schmecken. Um nicht betrunken zu werden, warnen die Einheimischen, dürfe man nicht mehr als zehn davon essen. In Mundart heißen die Früchte nämlich Ubriacchini, «betrunken machende». Obwohl wir die Mahnung in den Wind schlugen und mehr als ein Dutzend reife Beeren kosteten, blieben wir stocknüchtern. Spätabends entdeckten wir in Ovids Metamorphosen: «Lasen vom Erdbeerbaum sie in den Bergen die Früchte.»

Neben der Granata rupicola (Bassia saxicola) auf dem Strombolicchio und der Canna bei Filicudi (s. S. 30) gibt es weitere Pflanzen, die exklusiv auf den Äolischen Inseln zu Hause sind. Dazu gehören der Citiso delle Eolie (Cytisus aeolicus) oder der Fiordaliso delle Eolie (Centaurea aeolica). Auf Stromboli gliedern sie sich in die Gemeinschaft des Macchia-Gürtels ein. Für detaillierte Angaben zu diesen endemischen Arten sei auf die botanische Literatur verwiesen.

Mit Stolz auf eine spezielle Pflanze hat sich ein Strombolaner die Finger verbrannt. Er war hocherfreut, wie gut sie in seinem Garten gedieh und wie dekorativ ihr Blatt aussah. Überraschend erhielt er eines Tages Besuch von Polizisten, die ihn verknurrten, die Pflanze vor ihren Augen zu vernichten. Zu allem Überfluss kassierte er eine Woche Hausarrest. Der Cannabis produziere, wie er gut genug wisse, ein Rauschgift, das man Haschisch oder Marihuana nenne. Wahrlich eine Neuigkeit für den armen Mann, der nicht wusste, was er angepflanzt hatte. War sein Sohn wohl besser informiert?

Blühender Wermut.

Die Datteln sind im November nicht allzu weit von der Reife entfernt.

Erdbeerbaum im November mit weißen Blüten, gelben unreifen und roten reifen Früchten (Monte Pilato auf Lipari).

Rechts: Die Mulattiera (s. S. 34) im Frühjahr mit Olive und kugeligem Wolfsmilch-Busch in Blüte.

Der Vulkan wird zum Magneten

Unter Wahl-Strombolanern sind jene Leute zu verstehen, die der Vulkan so in seinen Bann gezogen hat, dass sie ganz- oder halbjährlich auf Stromboli leben, aber vom Festland stammen. Die vor einer oder mehreren Generationen Eingewanderten, meist aus Sizilien oder Kalabrien, zählen bereits zu den Einheimischen.

«Das Erdinnere ist auf diesen Inseln so allgegenwärtig, dass ich den Eindruck nicht verschweigen kann, hier leben die Leute nicht auf der Erde, hier leben sie in die Erde hinein», so Peter K. Wehrli. Nachdem *Luciano* den meerwärts gelegenen Hausteil verkauft und sich in den dahinter versteckten verzogen hatte, bemerkte ein Freund: «Luciano, nächstens verkriechst du dich noch ganz in die Erde.» Er war in Neapel Buchhalter gewesen. Eines Tages hatte er die Büroarbeit satt, auch Stadtleben und Familie. Er brauchte Distanz. Auf Stromboli benutzte er ausschließlich das Fahrrad. Motoren und Fernsehen scheute er wie der Beelzebub das Kreuz, arbeitete als Kundengärtner und betreute Liegenschaften. Er war hilfsbereit und äußerst liebenswürdig.

Caterina gehörte zu den Wahl-Strombolanerinnen. Im Mittleren Westen der USA aufgewachsen, reiste sie 20-jährig mit ihrem amerikanischen Freund nach Europa und verirrte sich auf die Insel. Es goss wie aus Kübeln. Sie fand das Eiland abscheulich. Trotzdem kehrte sie zurück. Sie traf Luciano, einen Seelenverwandten, und lebte neun Jahre mit ihm. Sie genoss Sonne und Meer, pflegte Blumen, kaufte ein, kochte, streichelte Katzen und träumte. Im Winter verdiente sie ihren Lebensunterhalt als Angestellte einer Speditionsfirma in Florenz. Als ihre Beziehung zu Luciano lockerer wurde, wechselte sie ins Haus Schuldes über der Balordi-Bucht, kalkte Häuser, strich Türen und Fenster, rot, blau oder grün, wie es der Auftraggeber eben haben wollte.

Da geschah es, dass der Kettenraucher Luciano 44-jährig einen Herzinfarkt erlitt. Allein fuhr er mit dem Flügelboot nach Neapel und suchte eine Herzklinik auf. Auf die Hilfe und Bewachung durch Angehörige, wie sie in Süditalien dringend notwendig ist, verzichtete er. In der Nacht vor der Entlassung – man hatte ihn nach eingehenden Kontrollen für gesund erklärt – verstarb er plötzlich. Gemeinsam mit seiner letzten Freundin besuchte Caterina sein frisches Grab in Neapel, wohl wissend, dass Luciano sich gewünscht hätte, im Cimitero di Stromboli beerdigt zu werden. Nach ihrer Rückkehr mochte Caterina weder den Pinsel zur Hand nehmen noch auf dem Festland Frachtformulare ausfüllen. Überall auf der Insel stieß sie auf alte Garne mit schmerz-

Die norditalienische Buchhändlerin Chiara kennt sich in Literatur und mit Katzen aus.

195

haften Erinnerungen. Sie war zu sehr ins enge Beziehungsnetz verflochten und musste fort. Aber wohin? Minneapolis, der Wohnsitz ihrer Mutter, kam nicht infrage. Eher Hawaiis Insel Kawai, wo sie Ursprüngliches erahnte. An fixe Arbeitszeiten und Bürostaub war nicht mehr zu denken. Stromboli und Luciano hatten Caterina geprägt.

Zurück blieb die Katze Rosi. Unklar, wo sie herumstreunte, wie sie sich ernährte. Im Sommer war es zwar einfach, wenn die Wiener Theaterleute Helga und Helmut auf der Insel waren und ihr Milch zu lecken gaben, im Winter jedoch schwierig. Vielleicht fand Rosi Unterschlupf bei Aimée Carmoz.

Carlotta Dinger stammte aus Freiburg im Breisgau. Ihr Haus stand an einer Treppe unter dem Platz von San Vincenzo. Brachte man das Glöcklein am Gartentor mit einer Kordel zum Klingeln, schlurfte sie herbei, munter und stets gut gelaunt. Ihre Schönheit verbarg sich längst hinter Runzeln und Furchen. Sogar schweren Schicksalsschlägen gewann sie eine humorvolle Seite ab. Als ihr Mann verschied, oblag die Totenwache, wie es sich auf der Insel gebührte, einer Gruppe von einheimischen Männern. Im Schein flackernder Kerzen umstanden sie die Bahre, bis der Pfarrer den verstorbenen Lutheraner, anstatt ihn zu segnen, zum Ungläubigen stempelte. Carlotta verblieb allein mit dem Toten. Nach unendlichen Mühen gelang es ihr, die Erlaubnis zu erwirken, ihn nicht außerhalb, sondern innerhalb des Friedhofs zu bestatten.

Ein anderes Malheur geschah vor Weihnachten. In Carlottas Garten wuchs eine stattliche Araukarie, von der sie eines Morgens nur noch den Stumpf vorfand. Abgesägt! Wie sich herausstellte, war ein Nachbar der Missetäter. Nach tagelangem Zögern bequemte er sich zum Geständnis, er habe halt einen Christbaum für seine Familie gebraucht. Er entschuldigte sich in aller Form und gab ihr die Erlaubnis, lebenslang in seinem Garten Früchte zu pflücken und Gemüse zu schneiden, so viel sie für sich brauchte.

An ihrem 82. Geburtstag hielt Carlotta Hof. Es war ein milder Abend in ihrem üppigen Garten. Es wurde viel Deutsch und wenig Italienisch gesprochen, getafelt und getrunken. Doch die heitere Gemütlichkeit stimmte auch nachdenklich. Eingeweihte wussten, dass Carlotta Stromboli nach Jahrzehnten verlassen wollte, obwohl sie bisher zu sagen pflegte: «Einen alten Baum darf man nicht verpflanzen.» Als jedoch ihre Rheumaschmerzen überhandnahmen, es in ihrem Bauch unangenehm rumorte, überlegte sie sichs anders. Bevor sie ihre Absicht in die Tat umsetzen konnte, kam es zum Großausbruch des Vulkans 2002/03. Gemeinsam mit Einheimischen wurde sie nach Milazzo evakuiert. Nach drei Monaten durfte sie zurück auf die Insel, ein letztes Mal. Wenig später bestellte sie einen Chauffeur aus Milazzo, der ihre Siebensachen im Kofferraum seines Wagens verstaute. In zwei Tagen und Nächten fuhren die beiden nach Freiburg, wo Carlotta von früher her ein Haus besaß. Zwei Jahre später erwähnte sie am Telefon wie beiläufig, sie sei an einem bösartigen Hirntumor erkrankt.

Seit den 70er Jahren und bis hinein ins neue Jahrtausend gab und gibt es auf der Insel zwei deutsche Schreiner. Als Erster kam *Hans Raths*, der sich an der Hamburger Hochschule zum Schiffbauingenieur ausgebildet hatte, dann aber der Insel Stromboli und dem Fischfang verfiel. Tauchend harpunierte er, was an den Küsten vorbeischwamm: einen Zeus faber, einen Drachenkopf oder Scorfano, einen Schwertfisch. Um sein Leben zu verdienen, begann er während des anziehenden Baubooms als Schreiner zu arbeiten. Was er ausgeführt hat, seien

es Geländer, Haustüren, Fensterrahmen, Kästen oder Betten, ist so perfekt gefertigt, dass es während Jahrzehnten funktionstüchtig bleibt. Ein Wunder auf dieser im Winter von Stürmen umtosten, feuchtkühlen Insel. Nicht lange nach ihm tauchte *Dieter Puchert* auf. Im Gegensatz zu Hans war er gelernter Schreiner. Seiner perfekten Arbeit verdanken viele Häuser ihre Wintergärten und manches mehr. Erst seit Kurzem gönnen sich die beiden, die riesige Hände und geschickte Finger haben, etwas mehr Muße. Italiener verschiedener Herkunft treten in ihre Fußstapfen. In ihren jungen Jahren kehrten Dieter und Hans oft bei Bobby Barbuto ein, einem weiteren Deutschen. Dieser hatte das «Ostello Eolo», die Jugendherberge der Fünfziger- und Sechzigerjahre, übernommen, die heutige «Locanda Barbablù». Bobby verfiel aber der Trunksucht. In einsamer Nacht stürzte er auf einer Treppe und blieb auf dem winterkalten Boden liegen, wo man ihn tot auffand.

David McNeil ist unter den Neo-Strombolanern insofern eine Ausnahme, als er aus Australien kam, aber nicht als Rückkehrer. Er machte in der Nähe von Melbourne eine Kochlehre. Dabei lernte er einen aus Lipari eingewanderten Kollegen kennen, der ihm den Archipel so eindrücklich beschrieb, dass er sich auf die Socken machte. Seit rund 20 Jahren lebt er auf der Insel, nicht als Koch, sondern als gefragter Kundengärtner.

Auf die Immigrationswelle aus Polen haben wir bereits hingewiesen und sie am Beispiel von Margherita oder Malgorzata geschildert. Ihr ist Stromboli zur zweiten Heimat geworden.

Unter den Wahl-Strombolanerinnen und Strombolanern gab und gibt es auch Autoren und Künstler. Wie Vincenza Senise di Pasquale erlagen sie der Faszination der Vulkaninsel. Dazu gibt es künstlerisch begabte Einheimische.

Nino, ein Wahlstrombolaner der ersten Stunde aus Sizilien, ein wahrer Allrounder (Seemann, Maurer, Ladenbetreiber, Bootsführer, heute Wirt im Ristorante Gecchi) bei seiner Trauung in der Kirche von San Vincenzo.

MIT PINSEL, MEIßEL ODER FEDER

Auf der Flucht vor den Schergen des Naziregimes landete *Armin T. Wegner* auf dem verlassenen Eiland. Der deutsche Schriftsteller, der mit einer Israelitin verheiratet war, hatte Adolf Hitler 1933 in einem Brief ermahnt, die Judenverfolgung einzustellen. Prompt wurde er festgenommen und mit Peitschen gepeinigt. Nach der Freilassung floh er nach London, Paris, Jerusalem und schließlich nach Italien, wo er einige Zeit in Positano an der Amalfiküste verbrachte. In den Fünfzigerjahren kam er nach Stromboli. Er kaufte die Windmühle von Piscità, baute sie zu seinem Wohnhaus um und nannte sie «Torre dei Sette Venti». Dort lebte er mit seiner zweiten Gattin, der polnischen Malerin und Töpferin Irene Kowaliska, und ihrem gemeinsamen Sohn Mischa. In Deutschland blieb er unvergessen. Weil er damals als verschollen galt, erklärte ihn Ricarda Huch 1947 an einem Schriftstellerkongress irrtümlicherweise für tot.

Auf die Frage von Freunden, warum er ausgerechnet dieses gefährliche Gestade zum Wohnsitz gewählt habe – den Winter verbrachte Wegner später in Rom –, antwortete er: «Ich kann nicht leugnen, dass die mit dieser Insel verbundene Gefahr mich auf seltsame Art anzog. Nur solange wir den Tod über uns spüren, sind wir uns bewusst, was im Leben wichtig, was unwichtig ist. Die wunderbare Kraft dieses feuerspeienden Berges beruht in der Tat darin, dass er

In Falks Collage aus der ersten Stromboliphase (1960–1968) lässt sich ein Stück seiner Malerhose entdecken.

Die alte Windmühle in Piscità nach Sonnenuntergang. Sie wurde von Schriftsteller Armin T. Wegner restauriert und «Torre dei sette Venti» getauft.

Hans Falk an der
Arbeit in seinem
Atelier um 1995.

Der Einheimische,
Schiffsanbinder und
anerkannte Künstler
Mario Cusolito weiß
auch mit Ruder-
booten umzugehen.

uns lehrt, frei von Furcht zu leben, voll unerschütterlichem Vertrauen in das Schicksal, weil uns nichts geschehen kann, das nicht die über allem wirkende höhere Macht uns bestimmte.» Diese Passage stammt aus dem Sammelband «Fällst du, umarme auch die Erde», der vier Jahre vor seinem Tod 1974 erschienen ist, aber nur wenige neue Texte enthält. Als Folge der Folterung im Nazigefängnis und der Entwurzelung war seine schriftstellerische Tatkraft gebrochen. Obwohl er unermüdlich weiterschrieb, fanden seine Texte kaum noch Anklang. Der ausschweifende und blumige Stil entsprach nicht mehr dem modernen Geschmack. Sein Ruf gilt weniger dem Dichter als einem herausragenden, beispielhaft vom Schicksal geplagten Menschen des 20. Jahrhunderts.

Aufgrund einer Fotografie reiste *Hans Falk* von der ähnlich archaischen Achill Island vor Irlands Westküste 1960 nach Stromboli. Kurz vor seinem Aufbruch schrieb er ins Tagebuch: «Oft möchte ich ins Wasser malen! Zusehen, wie sich die Farbe zu Tümpeln, farbigem organischem Leben weiterbildet. Nur noch den Moment des Aufhörens bestimmen, Farbe zuzugießen.»

Als hätten ihn Furien gepackt, begann er zu malen in einem baufälligen Haus über den schwarzen Lavaklippen von Piscità, an denen die Wellen ihre weiße Gischt verspritzten, halbe Nächte hindurch im Schein einer Petroleumlampe. Dominante Farbe war das Anthrazitgrau, oft versetzt mit Pastell. Hinzukamen andere Elemente, ein Blau, ein Schwefelgelb oder ein Karminrot, matt und gedämpft, aber auch als zündendes Emblem. In der Ecke vor seinem Atelier lehnten Requisiten, alte Pfähle, Türstürze, Ruder oder Taue von Seglern, mit denen er Assemblagen schuf oder sich durch ihre Formen inspirieren ließ. Sämtliche Werke nannte er «Stromboli» und fügte nur die Jahreszahl hinzu. Diese Phase auf der Vulkaninsel wird der Periode des abstrakten «Informel» zugerechnet. Sie währte von 1960 bis 1968. Hans war ein Heißsporn, auch in erotischer Sicht. Nicht verwunderlich, denn Iddu hat Sex-Appeal. Yvonne, des Künstlers zweite Frau, stand Modell für die subtilen Akte im bibliophilen Band «...zart wie dein Bild» mit Liebesbriefen und Gedichten von Guillaume Apollinaire. Gin nippend bemerkte Yvonne, als roter Feuerschein in der Rauchwolke am Gipfel geisterte: «Der Vulkan hat eine Erektion. Wen wundert es, dass Ergüsse aus seinen Töpfen quellen?» Auch Gedanken an den Tod sind auf der Insel näher als anderswo. Die Plakate für die Schweizerische Landesausstellung in Lausanne – es waren deren sieben – malte Falk in einem Raum, wo eine alte Frau vorsorglich ihren Sarg aufbewahrte.

Auf den Puls der Erdgeschichte folgte der Puls der Zeitgeschichte, zuerst in London, wo das Musical «Hair» Triumphe feierte, dann in New York. Hans und Yvonne richteten sich im obersten, nach einem Brand knapp bewohnbaren Stock des Hotels Woodstock ein. Der Times Square lag ganz in der Nähe. Wie sich Paul Nizon ausdrückte, verfiel Falk den Passionen eines modernen Höhlenmenschen, Schuttforschers und Katastrophenwarts. Bilderserien über

In Marios Fantasie
wendet sich ein
Fischer auf festem
Boden von den
auf dem Meer
tanzenden Wind-
göttinnen ab.

Container-Art und Transvestiten entstanden. Bei kurzen Aufenthalten in Europa begleitete er den Zirkus Knie auf seiner Tournee, an der ihn die Artisten und Tiere gleichermaßen faszinierten. Oder er zeichnete die Makler der Zürcher Börse in voller Aktion.

Vollgesogen wie ein Schwamm mit den Wassern der Welt, kehrte er 1988 auf die Vulkaninsel zurück, obwohl er stets betont hatte, deren Motive habe er mehr als nur ausgeschöpft. Doch er hatte sich getäuscht. Mit seiner Lebenspartnerin Romy lebte er in der Kubengruppe, in der Suso Bucher ein Traumatelier eingerichtet hatte. Im abgeklärten Alterswerk blitzte immer aufs Neue jugendlich Eruptives auf. 2002, im letzten Jahr vor seinem Hinschied in Zürich, waren die Bilder von rätselhaften Kreisen dominiert. Mit ihnen rundete er sein Schaffen symbolhaft ab.

Mario Cusolito ist auf der Vulkaninsel geboren, ein echter Charakterkopf. Obschon Autodidakt und Naturmensch, anerkannte Hans Falk ihn als eigenständigen Künstler. Während Jahrzehnten fehlte er bei keiner Ankunft eines Kursschiffs. Auf dem Pontile erfüllte er seine Pflicht als Schiffsanbinder. Im Winter führte der Seebär, der auch meisterhaft mit Ruderbooten umzugehen weiß, behutsam die Pinsel, benutzte Acryl-, Wasser- oder Ölfarben. Die Motive schöpfte er aus der Sagen- und Mythenwelt. Stellte er etwa die Vulkaninsel farbenkräftig dar, vergaß er selten die Schutzheiligen San Vincenzo und San Bartolo. Oder Windgöttinnen, von denen sich ein Fischer mit abgründig finsterem Blick abwendet, flattern und tanzen über dem Meer. Meisterlich wusste er auch mit der Tuschfeder umzugehen. Der Frage, wo und auf welche Weise er das gelernt habe, wich er aus. Mit dieser Technik stellte er etwa Christophorus dar, wie dieser als Galionsfigur mit dem heiligen Bartholomäus an

Bord auf bewegtem Meer segelt. Nur einmal verließ er den Äolischen Archipel, ließ sich von seiner Frau nach Venedig entführen. Zurück in Stromboli, zauberte er frei aus dem Gedächtnis den Markusplatz und den Dogenpalast aufs Papier. Heute schlingt Mario keine Taue mehr um die Pfähle des Landestegs. Aber er ist weiterhin präsent, etwa als Hüter des dampfenden Thermalwassers, mit dem er auf Wunsch das Rundbecken füllt und zu einem Gesundheitsbad einlädt.

So bleibt der Maler Jürgen Wegner aus Frankfurt in der Erinnerung Vieler. Er gönnte sich gerne eine Zigarettenpause im Atelier an der Balordibucht.

Um 1970 arbeitete der Maler *Jürgen Wegner*, nicht zu verwechseln mit Armin T. Wegner, in einem kleinen Atelier von Scari. Er schuf Collagen aus Schwemmholz, Kleiderfetzen und ausgelatschten Schuhen. Bald führte er die Technik der althergebrachten Hinterglasmalerei wieder ein. Im Sommer verkaufte er den Touristen naive Edelkitschbilder mit Bezug zur Insel, im Winter kreierte er in Frankfurt moderne Werke, die in der Fachwelt Anerkennung fanden. Seine großflächigen Bilder atmen eine lichte Weite und erinnern an Mark Rothko. Oder er stellte ein Höllentor dar, das seinen dantesken Rachen öffnete. Sein Wirken war prägend und verführte nicht wenige zu mehr oder weniger dilettantischen Imitationen. Einem Hexenmeister gleich hockte er während seiner letzten Lebensjahre in einem zum Atelier verwandelten Magazin an der Balordi-Bucht. Zur Erholung pflegte er auf wilden Wellen zu reiten, wurde zu einem Virtuosen des Surfbretts. Dabei ereilte ihn 1998 das Schicksal: Von einem aufdrehenden Sturm überrascht, wurde er weit abgetrieben. Zwei Tage später fand man ihn tot auf dem Meere treibend.

Suso Bucher hat dauerhafte Spuren hinterlassen. Begeistert von Falk, ließ er sich nach den Schulen in Zürich und einem Aufenthalt an der Wiener Akademie der Künste auf Stromboli nieder. Im Atelier verzichtete er auf eine Staffelei, legte die Leinwände auf den Fußboden und umkreiste sie mit gezücktem Pinsel. Seine Gemälde erregten Aufsehen in zwei Zürcher Galerien. Auf rätselhafte Weise erlahmte jedoch sein künstlerischer Elan. Er wandte sich der Architektur zu und erneuerte Falks Wohnsitz so gekonnt, dass nur das Märchenschloss von Salvador Dalí damit wetteifern konnte. Durch stilgerechte Restaurierung anderer Liegenschaften gelang es ihm, die traditionsreiche äolische Ästhetik zu bewahren und gleichzeitig fortzuentwickeln. Dann siedelte er nach Lipari über, wo er ein Weingut reaktivierte. Nach mühsamer Arbeit reifte dort ein einziger Jahrgang eines edlen Rotweins. Seither lebt er in einem Winkel der Schweiz und sehnt sich zurück nach den Inseln.

Unter den aktiven Künstlern ist *Paola Saffioti* hervorzuheben. Sie hat in ihrer Heimatstadt Genua Philosophie und Soziologie studiert. Ihre naiven Bilder wecken die Illusion, der Vulkan schnurre friedlich wie eine Katze oder schmauche eine wohlschmeckende Zigarre. Hinter Glas schwimmen verführerische Nymphen oder Fische wie der Zeus faber mit seinen magischen Tupfen. Altstrombolanische Küchen verwandelt sie zu Werkstätten für Zauberlehrlinge, Blumen zu Allegorien, frauliche Inselträume in künstlerische Realität. Sie malt auf Leinwand oder haucht alten Türfüllungen neues Leben ein. Zudem bastelt sie fantasievolle Schiffsmodelle in bunten Farben oder Stäbe aus Pfahlrohr, an denen Korsarenwimpel flattern. Ihre Ausstellungen in Deutschland lösten ein beachtliches Echo aus. Gegenwärtig begeistert sie Alicudi, die noch ursprünglichste Insel des Archipels. Die dort erhaltenen Terrassen zum Gemüseanbau oder die unendlich langen Steiltreppen, auf denen beladene Esel trappeln, transponiert sie zu Metaphern. Auch den Unterschied zwischen Vulkan, Vulkaninsel und Seamount wusste sie kunstvoll zu erklären (s. S. 14).

Auf andere Art beeindrucken die Arbeiten der Veronesin *Federica Masìn Russo*, die Sprachen studiert hat und mit ihrem Gatten das Hotel «La Sirenetta» führt. Ihr zuzusehen, wie sie unter einem riesigen Sonnenschirm auf Großleinwand malt, rote Tupfer auf tiefes Schwarz setzt, ist ein Privileg. Sie hat sich dem Vulkan und seiner feurigen Aktivität verschrieben. Bilder wie «Stromboli cobalto» tauchen den Betrachter in den Zauber einer vulkanischen Mondnacht, in äolische Magie. Unter dem Titel «Sotto i vulcani, itinerario magico da Stromboli all'Etna» stellte sie 2011 mit Erfolg ihre Werke in Taormina auf Sizilien aus.

Eine weitere Frau zu den Künstlerinnen zu zählen, scheint verwegen. Doch Haus und Atelier von *Antonietta Palino* sind ein Gesamtkunstwerk, das von Fan-

Paola Saffioti präsentiert das Bild einer alt-strombolanischen Küche in ihrem Garten mit Granatäpfeln.

Federica Masìn Russo malt unter dem Sonnenschirm in einem pittoresken Innenhof.

Voll übersprudelnder Ideen hat Antonietta Palino ihre hohen Räume in eine Sehenswürdigkeit verwandelt.

«Stromboli cobalto» nennt Federica ihr Gemälde einer mondverzauberten Nacht.

tasie nur so übersprudelt. An Kleinigkeiten herumzumäkeln wäre kleinlich. Nicht einmal der Kühlschrank blieb vor ihren Pinseln verschont, erst recht nicht die Wände, Türen und Treppen. Spiegel spiegeln eine bunte Welt voller Heiligen, Blumen, Himmeln, Sternen und Selbstporträts.

Der junge Strombolaner *Salvatore Russo* ist in die Fußstapfen seines Vaters getreten. In zweifacher Hinsicht: Er mauert und behaut Natursteine. Was er mit Meißel und Hammer zustande bringt, ist sehenswert. Da hat er einen dreifachen Januskopf geformt, der nicht nur in zwei Richtungen blickt, sondern auch himmelwärts. Oder rätselhafte Sphinxgesichter. Er wird in Zukunft noch von sich reden machen.

Nicht zu vergessen seien die Autorinnen auf der Insel. Schon 1966 hat *Annalena oder Hannelene* Renfordt, Limpach oder Johann, so ihre geläufigen Pseudonyme, erstmals Inselluft geschnuppert, wie sie in ihrem Bestseller «Geschieden, vier Kinder, ein Hund, na und?» lebendig erzählt hat. Der Roman wurde verfilmt und im deutschen Fernsehen ausgestrahlt. Früher war sie Schauspielerin, Mutter und Leiterin eines Theaterverlags. Jetzt lebt sie auf der Vulkaninsel als freie Schriftstellerin. Die meisten ihrer Romane wurden bei Fischer in Frankfurt verlegt, was allein schon als Auszeichnung zu werten ist. «Iddu kann schicksalsprägend sein», hat sie bei einem Glas Rotwein betont. Als Gegenpol braucht Hannelene eine bescheidene Absteige in Ulm, wo sie Kulturelles genießt, ein Übel kuriert oder mit den Kindern Geburtstage und Jubiläen feiert. Wenn ihr für etwas die Worte fehlen, greift sie gerne zum Pinsel.

Das neue Jahrtausend spülte zwei italienische Autorinnen auf die Vulkaninsel. Sie beleben die Szene nachhaltig. *Lidia Ravera* hat in Jugendjahren einen mehr als zwei Millionen Mal aufgelegten Roman verfasst. In der deutschsprachigen Ausgabe lautet der Titel «Schweine mit Flügeln». Darin beschreibt sie

ebenso authentisch wie schonungslos die Atmosphäre, die 1968, einem Tsunami gleich, die Jugend Europas überrollte. Neben ihrer belletristischen Tätigkeit arbeitet sie als Redaktorin auf politischem und kulturellem Gebiet. Sie verbringt jeweils den Sommer in Piscità, den Winter in Norditalien oder Paris. Inselfans warm zu empfehlen ist ihr Buch «A Stromboli», in dem Lidia ihre noch im Wachsen begriffene Verbundenheit mit der Vulkaninsel tiefsinnig darstellt.

Ähnliches gilt für die Schauspielerin *Patrizia Zappa Mulas*. Sie unterhält die Zuhörer durch Lesungen. Ihr elegantes Italienisch wirkt hinreißend und wohltuend zugleich. Ihre Diktion bereichert sie durch lebendige Erzählungen. Man lese nur «Purché una luce sia accesa nella notte», worin sie von ihren Erlebnissen am Berg erzählt.

Bildhauer Salvatore Russo in seinem Atelier. Aus Natur-stein schafft er Köpfe, die nicht nur wie Janus in entgegengesetzte Richtungen blicken, sondern mit einem dritten Gesicht auch himmelwärts.

JULES VERNES VISION

Seine Fantasie war uferlos. Nach Mitte des 19. Jahrhunderts ließen sich seine Helden mit einer Kanone zum Mond knallen, oder sie erforschten das Meer in einer Tiefe von zwanzigtausend Meilen. Auf der *«Reise zum Mittelpunkt der Erde»* stiegen sie in den Schlund des erloschenen isländischen Vulkans «Sneffels Yocul», heute Snaefellsjökull, dessen Gipfel und Krater von Eis bedeckt sind. Der Geologe Prof. Otto Lidenbrock aus Hamburg und sein Neffe Axel, der Ich-Erzähler, sowie ihr Führer und Eiderentenjäger Hans aus Reykjavik gelangten durch ein Gewirr von Höhlen und Kanälen immer tiefer ins Erdinnere, zum Teil durch Abseilen. Sie hatten unerhörte Abenteuer zu bestehen, stießen auf Saurier, Überreste von Urmenschen, Riesenpilze, einen Geysir und auf ein unterirdisches Meer, das sie im Floß traversierten. Darauf trieben sie auf Flüssen durch ein Labyrinth von engen und weiten Gängen. Plötzlich wurde das Wasser wärmer. Es ging bergauf. Als ihre Vorräte beinahe aufgebraucht waren, gerieten sie in einen Lavastrom. Feuer spritzte aus den Kanalwänden.

«‹Fahren wir denn auf einen glühenden Ofen zu?›, rief ich, als die Hitze noch stärker wurde. ‹Nein›, antwortete der Onkel, ‹das ist unmöglich!›

Allmählich wurde ich durch die wiederholten Stöße fast ohnmächtig. Ohne Hans' Arme hätte ich mehrmals den Schädel an den Wänden zerschmettert. Ich habe darum keine genaue Erinnerung an das, was in den folgenden Stunden geschah. Ich habe das verworrene Gefühl von anhaltenden Detonationen, Erschütterung der Felsmassen und einem unaufhörlichen Kreisen des Floßes. Es schaukelte auf Lavawogen inmitten eines Aschenregens. Die zischenden Flammen hüllten es ein.

Kurz darauf: ‹...mir war nicht anders zumute als jenen zum Tode Verurteilten, die an die Mündung eines Kanonenrohres gebunden sind und deren Glieder im Augenblick, da der Schuss losgeht, in alle Winde verstreut werden.›»

Als Axel wieder zu sich kam, befanden sich alle drei hoch oben auf dem Abhang eines Berges über einer tiefen Schlucht, wenig oder gar nicht verletzt, und überblickten ein Meer mit Seglern. Am Horizont war Land zu sehen mit einem «hohen Bergkegel, aus dem eine Rauchfahne aufstieg». Es war angenehm warm. Doch der Professor drängte zum Abstieg, denn «die Explosionen hören nicht auf, und es wäre wirklich ärgerlich, wenn man glücklich einen Vulkanausbruch überstanden hat und dann einen Felsbrocken auf den Kopf bekäme».

Nächtliches Gewitter über dem Meer.

Aus Jules Vernes
«Reise zum Mittel-
punkt der Erde»
(1864):
Die Erforscher un-
terirdischer Kanäle
auf ihrem Floß.
Das Wasser fängt
an zu kochen, aus
den Wänden sprüht
Feuer.

Der Stromboli hat
die Abenteurer
soeben ausgespuckt.
Staunend sehen
sie in der Ferne den
Ätna rauchen.

Sie hatten keine Ahnung, wo sie waren, und näherten sich einem grünen Gürtel mit Reben, Oliven- und Granatapfelbäumen. Hungrig wie sie waren, pflückten sie ohne Hemmungen von den purpurroten Trauben und ließen diese auf der Zunge zergehen.

Da tauchte ein Junge auf und erschrak ob ihres Anblicks. Sie waren halbnackt und hatten Bärte wie Höhlenmenschen. Sie fragten, wie dieser Berg denn heiße. Doch sie erhielten keine Antwort, bis der Onkel Professor sein Italienisch hervorkramte und sagte:

‹‹Dove noi siamo?› Der Junge antwortete auch diesmal nicht. ‹Wirst du endlich sprechen!›, rief mein Onkel zornentbrannt und zog den Jungen an den Ohren. ‹Come si noma questa isola?› ‹Stromboli›, erwiderte der Hirtenjunge endlich, machte sich von Hans los und rannte zwischen Olivenbäumen davon.

Stromboli! Wie regte dieser unerwartete Name meine Fantasie an! Wir waren im Mittelmeer, auf dem Äolischen Archipel der Sage, wo Äolus die Winde und Stürme angekettet hatte. Und diese blauen Berge im Osten waren die Berge Kalabriens, und dieser am südlichen Horizont aufragende Vulkan war der Ätna, der wilde, unheimliche Ätna. ‹Stromboli! Stromboli!›, sagte ich immer wieder. Mein Onkel stimmte mit Gesten und Worten darin ein. Es war, als sängen wir im Chor.»

Klima

Das Klima im südlichen Mittelmeerraum ist typisch mediterran. Die Niederschläge fallen überwiegend in der kühlen Jahreshälfte. Im Sommer ist es vorwiegend trocken. Bei ausgeprägtem Wassermangel führten früher die Insulaner Prozessionen durch, um Regen zu erflehen.

Für Stromboli sind Besonderheiten zu beachten. Das Klima ist maritim. Im Frühling erwärmt sich das Meer im Vergleich zur Lufttemperatur nur verzögert. Nicht der Juli, sondern der Monat August ist durchschnittlich der wärmste, der Februar der kälteste. Die mittleren maximalen Tagestemperaturen im Sommer betragen um die 30 °C, diejenigen im Winter um die 15 °C. Die Luftfeuchtigkeit bleibt dauernd hoch. Oft empfindet man daher die Wärme im Sommer und die Kälte im Winter besonders intensiv. Bläst Äolus aus Norden, sind die Temperaturen auch im Sommer angenehm. Der heiße Atem des Scirocco hingegen lässt sie manchmal bis gegen 40 °C ansteigen. Gelegentlich trägt der Südwind gar Sahara-Heuschrecken auf die Insel. Die Wintertemperaturen liegen stets über dem Nullpunkt. Höchst selten fällt auf den Vulkangipfel Schnee, der aber gleich wieder schmilzt. Im Allgemeinen liegen die Temperaturen an der Südostküste der Insel deutlich höher als an der Nordnordostküste. Im Winter und in den Übergangszeiten ein Vorteil für San Vincenzo und Scari, im Sommer für San Bartolo und Piscità.

Das Wetter ist launisch. Stabile Trockenperioden sind im Sommer häufig, können aber abrupt abbrechen. Dann purzeln die Reisepläne über den Haufen. Bei hohem Seegang können die Flügelboote nicht landen, seltener auch das Fährschiff. Mit Glück und Geld hilft dann die Air Panarea aus der Patsche. Sie bietet Flüge nach Sizilien oder Kalabrien an. Immer vorausgesetzt, dass die Windstärke den Einsatz von Hubschraubern erlaubt.

Reisezeit

Das geringste Wetterrisiko läuft man von Juni bis Mitte September. Wobei Ruhesuchende den Ferienmonat August, den Ferragosto wenn möglich meiden sollten. Im Frühjahr grünt und blüht alles. Doch dann ist das Meerwasser für Badefreudige noch recht kühl, meist unter 20 °C. Im Herbst hingegen variieren die Temperaturen zwischen 20 °C und 26 °C.

Im Winter kommt man praktisch nur bei Privaten unter. Die meisten Läden und Restaurants sind geschlossen. Umso mehr fasziniert die raue Natur, der Vulkan und das Alltagsleben der Inselbewohner.

An- und Abreise

Der naheliegendste Weg für Nord- und Mitteleuropäer führt über Neapel, das mit Eisenbahn, Flugzeug oder Auto zu erreichen ist. Die Fahrt im eigenen Wagen ist mit Risiken verbunden, die Autostrada del Sole lang und nicht ungefährlich. Das Fahrzeug auf die Fähre zu verladen ist keine gute Idee, denn die Gassen der Vulkaninsel sind schlicht zu eng für Autos.

Momentan verkehren die Fährschiffe der *Siremar* zwischen Neapel und Sizilien während des ganzen Jahres zweimal wöchentlich. Der Start in Neapels großem Hafen erfolgt dienstags oder freitags in den Abendstunden, die Ankunft auf Stromboli in der Frühe des folgenden Morgens. Etwas Glück vorausgesetzt, lassen sich in der letzten Stunde vor der Landung bereits Feuerfontänen des Vulkans beobachten. In umgekehrter Richtung verlässt das Schiff Stromboli am Abend des Montags und Donnerstags. Für die Überfahrt eine Kabine zu buchen ist bedeutend bequemer, als auf Sesseln, Bänken oder auf dem Boden zu übernachten. Nach der Vulkaninsel läuft das Schiff die Inseln Panarea, Salina, Lipari und Vulcano an, zuletzt die Stadt Milazzo auf Sizilien. Die Reise von Neapel nach Stromboli ist auch im Tragflügelboot oder Katamaran *(AliLauro)* möglich. Sie verkehren im Hochsommer täglich und benötigen etwa fünf Stunden. Abfahrt in Neapel ist meistens am frühen Nachmittag im Aliscafo-Hafen Mergellina. Da die Fahrpläne häufig ändern, Verbindungen neu

Punta Labronzo

Osservatorio
Labronzo

Piscità

Ficogrande

San Bartolo

STROMBOLI

Punta 400

S. Vicenzo

Scari

Pontile

SCIARA DEL FUOCO

FILO DEL FUOCO

Crateri

Pizzo sopra
la Fossa
892m

Punta del Corvo

FILI DI BARAONA

RINA RANNI

Timpone
147m

Vàncori
924m

Ginostra

ISOLA DI
STROMBOLI

Pontile
Pertuso

S. Lazzaro
64m

L'Omo
150m

0 m   500 m   1000 m

Punta Lena

ISOLE EOLIE O LIPARI

Stromboli

Tropea

Salina

Panarea

Alicudi

Filicudi

Lipari

Vulcano

Stretto di Messina

Milazzo

Messina

Reggio

0 km   10 km   20 km

SICILIA

eingeführt oder gestrichen werden, empfiehlt sich eine frühzeitige Erkundigung im Internet oder bei einem geeigneten Reiseveranstalter.

Via Sizilien anzureisen ist eine gute Alternative. Milazzo an der Nordküste, wo die Fähre und die Flügelboote starten, erreicht man nach einer sehr langen Reise im Zug oder bequemer von den Flughäfen Catania, Palermo oder Reggio di Calabria her. Bei Abflug von Zentraleuropa am frühen Morgen reicht es unter günstigsten Umständen, am Nachmittag ein Flügelboot zu erwischen und gleichentags auf Stromboli anzukommen. Die Verbindung zwischen den Flughäfen und Milazzo gewährleisten Autobusse oder die Eisenbahn. Am schnellsten ist ein Taxi. Vielfach lässt sich aber eine Nacht im Hotel nicht umgehen.

Für die Flügelboot-(Aliscafo-)Verbindungen zwischen Milazzo und dem Archipel sind die Gesellschaften *Siremar* und *Ustica Lines* zuständig. Deren Fahrpläne finden sich im Internet. In den Sommermonaten besteht sogar eine Möglichkeit, die Äolischen Inseln von Palermo aus im Tragflügelboot zu erreichen. Die abwechslungsreiche, aber lange Fahrt über Cefalù, Alicudi, Filicudi und Lipari bereitet Urlaubern ein spezielles Vergnügen. Von Reggio aus ist die Meerenge von Messina zu überqueren. Wiederum nur im Sommer bieten Siremar und Ustica Lines, auch von Messina aus, Verbindungen mit Lipari und Stromboli an.

Bis anhin wird die im Sommer wohl kürzeste Anreise selten gewählt. Ausgangspunkt ist das kalabrische Tropea, ein reizvolles Städtchen, das ca. 50 km südlich des internationalen Flughafens Lamezia Terme auf dem Festland liegt, nahe des Capo Vaticano und Stromboli direkt gegenüber. Nur figuriert die Überfahrt zur Vulkaninsel auf keinem Fahrplan. Man ist auf die sommerlichen Ausflugsschiffe angewiesen, die aber gern zusätzliche Fahrgäste mitnehmen. Oder man leistet sich den Luxus eines privaten Bootes.

Bergführer, Boots- und Fahrradvermieter

Ohne Bergführer darf man auf der Seite von Labronzo bis zur Punta 400 aufsteigen, ein empfehlenswerter Ausflug. Von diesem Punkt aus sind die Eruptionen aus ziemlicher Nähe zu beobachten. Auch eine Wanderung auf der Via Panoramica lohnt sich. Wie beschrieben, führt sie von San Vincenzo hoch über San Bartolo zu einer Kurve der Mulattiera über dem Osservatorio Labronzo. Von Ginostra bietet die Wanderung zur Punta dei Corvi viel Abwechslung.

Gipfelbesteigungen sind im Gegensatz zu früher nur mit Führern gestattet. Diese besitzen ein Patent des Club Alpino und sind zuverlässig. Um einen Termin zu vereinbaren, findet man Büros in Scari, an der Via Roma zwischen Landesteg und Kirchplatz sowie direkt unter der Kirche von San Vincenzo, wo Beatrice auch wertvolle Ratschläge erteilt.

Fahrten in Booten bieten verschiedene Strombolaner an. Abmachen kann man in Scari oder am Strand von Ficogrande. Auch Paddelboote oder Fahrräder sind zu mieten. Letztere sind speziell nützlich, wenn man in San Bartolo wohnt. Auf der Straße zwischen Scari und Punta Lena wirkt ein Mechaniker, der alle Fahrzeuge repariert, aber auch Fahrräder vermietet.

Unterkunft

Der Mangel an Unterkunftsmöglichkeiten auf Stromboli ist Vergangenheit. Die Hotelkategorien reichen von einem bis vier Sterne. In der Hochsaison sind die Alberghi allerdings ausgebucht, eine frühe Reservation daher notwendig. Dasselbe gilt für Pensionen, Mietwohnungen oder Zimmer. Während der Übergangszeiten lässt sich auch kurzfristig etwas finden. Die meisten Hotels öffnen an Ostern und schließen Mitte Oktober. Vor und nachher ist man auf privates Quartier angewiesen. Übernachten im Freien oder Zelten ist untersagt.

Medizinisches

An der Strada Alta etwas unterhalb der Kirche von San Vincenzo wurde ein Ambulatorium eingerichtet, wo stets eine Ärztin oder ein Arzt anwesend oder erreichbar ist. Oft haben sie ihr Studium erst vor Kurzem abgeschlossen und verfügen noch über relativ wenig Erfahrung. Aber sie erfüllen ihre Pflicht und sind bei Notfällen bereit, einen Helikopter zu rufen.

Selten kommt es allerdings vor, dass ein Elektrokardiogramm nicht abgeleitet oder gelesen werden kann, die Maschine defekt ist. Manchmal fehlen wichtige Medikamente in der Apotheke auf dem Kirchplatz und müssen erst aus Lipari angefordert werden. Leute, die regelmäßig Arzneimittel benötigen, tun gut daran, einen genügenden Vorrat mitzunehmen. Unter Umständen findet man einen Arzt auf Urlaub, der für einen Notbehelf sorgen kann.

Wichtig ist es, an genügend Sonnenschutzmittel und «Antibrumm» zu denken. Herrscht Medusenplage, erweist sich wie erwähnt eine Cortisonsalbe als nützlich.

Küche

Wie die Unterkünfte sind die *Restaurants* nun zahlreich und von guter Qualität. Trotzdem gilt der Spruch von James Joyce auch auf Stromboli: «Gott machte die Speisen, der Teufel die Köche.» Und bei Horaz steht: «Verse können nur gefallen und lange leben, wenn sie nicht von Wassertrinkern stammen.» Die Öffnungszeiten der Gaststätten entsprechen jenen der Hotels. Im Winter kochen vor allem Privatleute oder der Feriengast selbst.

Wie in ganz Italien besteht ein Menü aus Vorspeise, erstem Gang, Hauptgang und Nachtisch. Die offiziellen Essenszeiten sind mediterran spät. Von wenigen Ausnahmen abgesehen, wird vor acht oder im Hochsommer sogar vor neun Uhr kaum ein Abendessen serviert. Um ein vollständiges Menü zu vertilgen, braucht es einen gesunden Appetit. Die Vorspeise besteht aus einer kalten Platte, der erste Gang aus Suppe, Teigwaren- oder Reisgericht, der Hauptgang aus Fisch oder Meeresfrüchten. Mahlzeiten mit Fleisch werden selten angeboten, obwohl es auf der Insel einen guten Metzger gibt.

Details zur *äolisch-sizilianischen Küche:* Wen wunderts, dass die Liebesgöttin Aphrodite die Kapern in einem besonders kostbaren Körbchen gesammelt hat? In Pollara auf der Insel Salina findet anfangs Juni alljährlich ein Dankfest zur Zeit der Kapernernte statt. Wahrlich, die grünen Knospen des Archipels sind kaum zu übertreffen. Sie bilden eine wesentliche Ingredienz zu den «Spaghetti alla Strombolana», die in vielen Gaststuben angeboten werden. Zu Hause bereiten die Einheimischen verschiedenste Kapernspezialitäten zu, darunter «Kapern mit hausgebackenem Brot», «Kaperntörtchen», «Salat mit Brot, Sardinen, Kapern und Cucunci (Kapernfrüchte)» oder «Tintenfisch an Kapernsauce». Die Fischvielfalt ist groß und variiert je nach Saison. Beliebt sind Thunfisch-Carpaccio, Thunfilets und Schwertfischscheiben vom Grill, gefüllte Calamari, Baccalà oder Stockfische, die die Normannen eingeführt und getrocknet haben sollen, oder der Fang des Tages, den die Fischer am Morgen um acht Uhr auf dem Strand von Scari anbieten. Zu den Spezialitäten gehören die Scorfani, die auf den Inseln besonders delikat sind, oder die rötlichen Triglie. Zum Nachtisch winken feines italienisches Eis in allen Varianten, Tiramisù, Tartufi aus gefrorener Trüffelschokolade, Mandeltorte und vieles mehr.

Ganz ohne die sizilianischen Weine zu preisen, geht es nicht. Ihre Qualität hat sich in den letzten Jahren enorm verbessert. Interessanterweise trinken die Süditaliener mehr Weiß- als Rotwein. Dabei achte man auf die Traubensorten Grillo, Catarratto, Inzolia oder Zibibbo. Auch der Chardonnay schmeckt vorzüglich. Unter den Roten sticht der Nero d'Avola hervor und lässt an Tomasi di Lampedusas Roman «Il Gattopardo» denken. Der Syrah, der auf Sizilien und im Rhonetal beheimatet ist, hat schon die halbe Welt erobert.

Vor oder nach einem Besuch der Vulkaninsel gibt es mannigfaltige Möglichkeiten, das Naturschauspiel mit kulturellen Leckerbissen zu ergänzen. Bleiben wir zunächst bei *Tropea*. Laut der Sage hat Herkules persönlich die Stadt auf den Felsen an der Westküste Kalabriens gesetzt. Im Gewirr der Altstadtgassen steht die normannische Kathedrale, die zwar nicht mit den sizilianischen Domen zu konkurrieren vermag, aber durch ihre strenge Einfachheit beeindruckt. Reizvoll ist es, durchs Städtchen zu flanieren, vom Felsen auf die ockerfarbenen Strände zu gucken, zu baden und abends ein Gericht mit den berühmten roten Zwiebeln von Tropea zu genießen. Eine Straße mit malerischen Ausblicken windet sich die Steilküste empor und führt nach Vibo Valentia. Vom Normannenkastell aus kann man die Hochebene überschauen, hinüber zum Kleinod der im Grünen liegenden Kapelle Santa Ruba. Einen Besuch wert ist auch das wenig nördlich von Tropea an der Küste gelegene Pizzo. Dort wurde die Höhlenkirche Piedigrotta in die Küstenfelsen gehauen und um 1900 durch einzigartige Plastiken in Tuffstein ausgeschmückt.

Eine Rundreise durch *Sizilien* zu empfehlen würde heißen, Eulen nach Athen zu tragen. Im buchstäblichen Sinn, denn allein den Spuren der griechischen Kultur nachzugehen ist faszinierend. In die Kathedrale von Syrakus wurden gewaltige Tempelsäulen eingemauert, und Dionysos soll in einer bizarr geschwungenen Höhle mit perfekter Akustik seine Gefangenen belauscht haben. Bewunderung verdienen auch der erhabene Tempel von Segesta oder die Ruinenstadt von Selinunte. Die Römer ihrerseits haben mit den Mosaiken in der Villa del Casale von Piazza Armerina ein Meisterwerk hinterlassen. Geheimtipps in der Nähe sind die Töpferstadt Caltagirone nördlich von Piazza Armerina mit ihrer sensationellen Treppe und die Stadt Enna auf dem imposanten Felsen, auf dem Kaiser Friedrich II sieben Türme hat bauen lassen.

Was die Normannen auf Sizilien, allen voran Roger II, im Mittelalter geschaffen haben, ist mehr als nur eine Reise wert. Schöpfungen wie die Dome von Cefalù, Monreale und Palermo sucht man sonst weltweit vergeblich. In der Hauptstadt kommen die Cappella Palatina, die Martorana, San Cataldo und San Giovanni degli Eremiti hinzu. Wer den Barock mag, geht in die Jesuitenkirche, ins Oratorio del Rosario oder di Santa Cita. Jenen, die einen an Buntheit nicht mehr zu überbietenden Markt hinzufügen wollen, sei der Ballarò empfohlen.

Wer noch immer nicht genug von Vulkanen hat, fährt zum Ätna. Alle paar Jahre wälzen sich mächtige Lavaströme durch das Valle del Bove. Und Goethe schwärmte: «Kennst du das Land, wo die Zitronen blühn, im dunklen Laub die Gold-Orangen glühn?» Die besten Orangen sollen am Fuß des Berges gedeihen.

Wer die Eisenbahnreise von 7 bis 8 Stunden nach Norden nicht scheut, kann von Milazzo nach Salerno fahren und die griechischen Tempel von *Paestum* besuchen. Deren Säulenwelt verdient ein AAA. Und es ist nicht mehr weit bis Neapel.

Trotz seines angekratzten Rufs ist natürlich *Napoli* weit mehr als nur Ausgangspunkt für einen Besuch des Äolischen Archipels. Von der Certosa di San Martino auf dem Vomero, den man mit Drahtseilbahn und einem kurzen Marsch erreicht, begeistert der klassische Rundblick über Golf und Vesuv. Im Museum von Capodimonte, wohin sich u.a. Pieter Brueghels Bild «Sturz der Blinden» verirrt hat, und im archäologischen Museum voll antiker Schätze lassen sich Tage verbringen. Wer es historisch-gespenstig mag, taucht in den griechisch-römischen Untergrund der Stadt (Napoli sotterranea). Unter den Kirchen gibt es Kostbarkeiten zu entdecken, etwa Santa Chiara oder die Kathedrale, wo das geronnene Blut des Stadtheiligen San Gennaro aufbewahrt wird. Einmal im Jahr verflüssigt es sich unter den Händen des Kardinals. Vulkanfreaks besuchen Pompeji und Herculaneum oder steigen auf den Vesuv, dessen Wiedererwachen ein Desaster auslösen müsste, da sich die Stadt mehr und mehr in Richtung Gipfel ausdehnt.

Auf der Reise locken Aufenthalte in italienischen Städten wie Mailand, Florenz, Rom oder Orvieto, das auf einem Tufffelsen thront.

Tropea, der Sage
nach von Herkules
auf einen Felsen
gepflanzt.

Höhlenkirche
«Piedigrotta» in der
Ortschaft Pizzo,
nördlich von Tro-
pea. Die Figuren
sind aus dem Sand-
stein gehauen.

Aa-Lava	Zähflüssiges Material, das zu scharfkantigen Schollen erstarrt
Aliscafo	Tragflügel- oder Tragflächenboot
Ape	Auto auf drei Rädern
Asche	Vulkanische Partikel mit einer Korngröße von < 0,2 cm
Basalt	Graues bis schwarzes Ergussgestein
Bathymetrie	Vermessung der Topografie der Meeresböden
Bombe	In großen Brocken ausgeworfene Lava, meist noch glühend
Calamari	Tintenfische
Caldera	Vulkanischer Kraterkessel mit mehreren Hundert oder sogar Tausend Metern Durchmesser, nach heftigen Ausbrüchen durch Einsturz der entleerten Magmakammer entstanden
Canna	Pfahlrohr
Camposanto	Friedhof
Fave	Saubohnen
Fettucine	Nudeln
Fissur	Riss
Fumarolen	Ätzende, zwischen 200 °C und 800 °C heiße Gase und Dämpfe, die aus Vulkanspalten aufsteigen
Glutlawine	Wolke aus Gemisch von glühend heißen, vulkanischen Gasen, von Asche, Lapilli und Schlacken. Saust mit hoher Geschwindigkeit die Flanke eines Vulkans hinab (Synonyme: Nuée ardente, pyroklastischer Strom)

Hornito	Kleiner Vulkankegel innerhalb einer Kraterlandschaft oder einer Caldera
Hybris	Frevelhafter Übermut
Iddu	Dialektname für den Vulkan Stromboli
Kollaps	Absacken von Vulkanteilen
Kontinental-platten	Riesige Teile der Erdkruste und des obersten Erdmantels, die sich gegeneinander verschieben und Schwachstellen in der Erdkruste verursachen
Labronzo	Vorsprung auf etwa 190 m ü.M. oberhalb der Punta Labronzo, mit Pizzeria, auch Osservatorio genannt (früheres Observatorium)
Lahar	Schlammlawine oder Abgleiten von vulkanischem Auswurfmaterial
Lapilli	Vulkanische Auswurfpartikel mit einer Größe von 2 bis 64 mm
Lava	Glühende Gesteinsschmelze (Magma), sobald sie die Erdoberfläche erreicht
Macchia	Buschwald
Magma	Glühende Gesteinsschmelze im Erdinneren
Mulattiera	Saumpfad, der sich vom Ende des Dorfteils Piscità zum Osservatorio (Pizzeria) und darüber an den unteren Vulkanhängen emporschlängelt
Nuée ardente	s. Glutlawine
Osservatorio	s. Labronzo

Pahoehoe-Lava	Dünnflüssiges Material, das zu glatten Fladen erstarrt	**Spiaggia**	Strand
Paroxysmus	Plötzlicher, heftiger, kurz andauernder Vulkanausbruch	**Stratovulkan**	Wechselweise aus Schichten von Erguss- und Auswurfmaterial aufgebauter Vulkan
Pesce spada	Schwertfisch	**strombolianische Eruptionen**	Mehr oder weniger kontinuierliche Vulkantätigkeit mit täglicher Aktivität
Petrologie	Gesteinskunde		
Pizzo sopra la Fossa	Zweithöchste Erhebung des Vulkans (892 m ü.M.) mit Ausblick auf die tiefer liegende Kraterterrasse	**Subduktion**	Verschiebung einer Kontinentalplatte unter eine andere
Piscità	Küstennaher Ortsteil des Dorfes Stromboli (San Bartolo)	**Tiltmeter**	Gerät zur Messung von Deformationen der Erde (Aufwölben oder Einsinken)
Pontile	Landesteg	**Totani**	Tintenfische
Punta Vancori	Gipfel des Vulkans (924 m ü.M.), auch «I Vancori» genannt	**Tremor**	Vulkanisches Zittern oder Beben des Bodens
Punta Lena	Südspitze der Vulkaninsel. Denselben Namen trägt die Ostspitze mit dem gleichnamigen Restaurant	**Tsunami**	Flutwelle, ausgelöst durch Erdbeben unter dem Meeresgrund oder durch Bergsturz in die See
pyroklastisch	s. Glutlawine	**Tuff**	Gestein, das zu mehr als 75 % aus vulkanischer Asche besteht
Radar-Interferometrie	Messmethode zur Erfassung von Bodendeformationen	**Vongole**	Venusmuscheln
Scari	Küstennaher Ortsteil des Dorfes Stromboli (San Vincenzo) mit Landesteg		
Sciara del Fuoco	Vegetationsloser Sektor des Vulkankegels, wo ausgeworfene Lavafetzen und -bomben zum Meer kollern oder selten Lava fließt (Feuerstraße oder -rutsche)		
Seismograf	Auch Seismometer, Gerät zur Aufzeichnung und Messung von Bodenerschütterungen (Erdbeben)		

Literaturauswahl

Alean J., Carniel R., Fulle M.: www.stromboli.net

Arbatus Guide: Stromboli, l'isola dal cuore infuocato. Arbatus, Alicudi (Me) 2009

Barberi F., Rosi M., Scandone R. (Hrsg.): The 2007 Eruption of Stromboli, special issue. J. Volcanol. Geotherm. Res. 182, 123–277, 2009

Bergeat A.: Die äolischen Inseln, Stromboli, Panaria, Salina, Lipari, Vulcano, Filicudi und Alicudi. München 1899

Bernabò Brea, L.: Le Isole Eolie dal tardo Antico ai Normanni. Edizioni Girasole, Lapucci Ravenna 1988

Bollinger A., Bollinger V.: Stromboli, Vulkan Insel Symbol. AS, Zürich 1998

Bollinger A.: Feuer am Galeras, Roman. Books on Demand, Norderstedt 2003

Calvari S., Inguaggiato S., Puglisi G., Ripepe M., Rosi M. (Ed.): The Stromboli Volcano, an Integrated Study of the 2002–2003 Eruption. American Geophysical Union, Washington DC 2008

Cincotta S.: Antiche Culture Strombolane. Messina 1999

De la Sale A.: Œuvres complètes, tome I «La Salade». Droz Paris 1935

De Saint-Cyr G.: Stromboli. Horvath, Saint-Etienne 1979

Dolomieu D.: Voyage aux Îles Lipari, fait en 1781, ou notices sur les Îles Éoliennes, pour servir à l'histoire des volcans. Paris 1783

Famularo F.: Racconti di Stromboli. Strombolibri 2010

Famularo F.: I giorni della guerra, quando i tedeschi sbarcarono a Stromboli. Strombolibri 2011

Fazio I.: Parentela e mercato nell'isola di Stromboli nel XIX secolo. In: Ago R., Borello B. (Ed.) Famiglie, circolazione di beni, circuiti di affetti in età moderna. Viella, Roma, 2008

Fulle M.: Vulcani di luce. Rebus, Milazzo 2004

Giacomelli L., Scandone R.: Vulcani d'Italia. Liguori, Napoli 2007

Giuffrè G.: Ginostra, Storie – Racconti – e – Tradizioni. Bazar Ginostra, Lipari 2001

Globalmap: Isole Eolie o Lipari, carta turistico-stradale e nautica 1:25 000, Firenze 2010

Goethe J.W.: Italienische Reise. Goethes Werke, Bong, Berlin Leipzig 1930

Guest J., Cole P., Duncan A., Chester D.: Volcanoes of Southern Italy. The Geological Society, London 2003

Hamilton W.: Campi Phlegraei, observations on the volcanoes of the two Sicilies. Naples 1776

Holz H.H.: Hans Falk, Ein Leben – Das Werk, Weltwoche-ABC, Zürich 1999

Holzer D., Bertholet D.: Scoppio, un documentaire tourné en 1953 sur l'ile de Stromboli. DVD, D. Holzer 2008

Holzer D.: Stromboli di una volta, Cully 2008

Houël J., peintre du roi: Voyage pittoresque des Îles de Sicile, de Malte et de Lipari. Paris 1782

Jäger K.D.: Stromboli: Insel des Feuers – Insel des Lichts. Akropolis, 1993

Johann A.: Geschieden, vier Kinder, ein Hund, na und? Fischer, Frankfurt 1996

Judd J.W.: Volcanoes, what they are and what they teach. Paul, London 1881

Jung-Hüttl A.: Feuer gefangen, meine Reisen zu den Vulkanen der Erde. National Geographic, Frederking und Thaler, 2006

Krafft M.: Guide des volcans d'Europe. Delachaux et Niestlé, Neuchâtel et Paris 1974

Landi R.: Accadde a Stromboli. Pan, Firenze 2008

Lo Cascio P., Navarra E.: Guida naturalistica alle Isole Eolie. L'Epos, Palermo 2003

Ludwig Salvator, Erzherzog: Die Liparischen Inseln, Band VII Stromboli. H. Mercy, Prag 1896

Ludwig Salvator, Erzherzog: Die Liparischen Inseln, Band VIII. H. Mercy, Prag 1893–96

Manetti P., Keller J. (ed.): The island of Stromboli, volcanic history and magmatic evolution. Acta Vulcanologica, Vol. 3 1993

Mercalli G.: Vulcani attivi della terra. Ulrico Hoepli, Milano 1907

Nickel E.: Die Äolischen Inseln (Isole Eolie). VFMG, Heidelberg 1957

Page Toscano G., Page R., Te Huki M.F., Barnao J., Criscillo V. (Ed.): Famiglie Strombolani in Nuova Zelanda. Moore Warburton, Wellington 2000

Paino P.: Die Liparischen Inseln, Band VIII, Allgemeiner Theil, Erzherzog Ludwig Salvator. H. Mercy Prag, 1894, ins Italienische übersetzt, mit Anhang. Lipari 1979

Palsterkamp B.: Viaggi alle due Sicilie. Milano 1825 (zitiert nach Washington)

Perret F.A.: The lava eruption of Stromboli, summer–autumn 1915. Am. J. Sci. 192, 443–463, 1916

Pichler H.: Italienische Vulkan-Gebiete III, Lipari, Vulcano, Stromboli, Tyrrhenisches Meer. Borntraeger, Berlin Stuttgart 1990

Ravera L.: A Stromboli. Laterza, Roma Bari 2010

Riccò A., Mercalli G.: Periodo eruttivo dello Stromboli cominciato il 24 Giugno 1891. Roma 1892

Rinaldi R.: Le guide subacquee, le Isole Eolie. La Cuba, Roma 1994

Rittmann A.: Der Ausbruch des Stromboli am 11. September 1930. Z. Vulkanol. 14, 47-77, 1931/32

Rittmann A.: Vulkane und ihre Tätigkeit. Enke, Stuttgart 1981

Saija M., Cervellera A.: Mercanti di Mare, Salina 1800-1953. Trisform, Messina 1997

Saviano R.: Gomorrha, Hanser, München 2007

Schmincke H-U.: Vulkanismus. Primus, Darmstadt 2010

Schröder T.: Liparische Inseln. Müller, Erlangen 2010

Sigurdsson H.: Melting the earth, the history of ideas on volcanic eruptions. Oxford University, 1999

Sineri M.: Cucina Eoliana, storie, profumi e ricette afrodisiache delle Isole Eolie. Pungitopo, Messina 1994

Spallanzani L.: Viaggi alle due Sicilie e in alcune parti dell'Appennino. Milano 1825-1826

Stefanelli F.: The Stromboli Legacy, American Heritage Society. Nutley, New Jersey 1998

Szeglat M., Rietze M.: Vulkane. Primus, Darmstadt 2010

Tazieff H.: Vingt-cinq ans sur les volcans du globe. Nathan, Paris 1979

Todesco S. (Ed.): Atlante dei Beni Etno-Antropologici eoliani. Sfameni, Messina 1995

Trua T., Serri G., Marani M., Renzulli A., Gamberi F.: Volcanological and petrological evolution of Marsili Seamount (southern Tyrrhenian Sea), J. Volcanol. Geotherm. Res. 114, 441–464, 2002

Verne J.: Reise zum Mittelpunkt der Erde. Diogenes, Zürich 1971

Verne J.: 20 000 Meilen unter den Meeren. Deutscher Taschenbuch Verlag, München 2009

Von Schlebrügge, H.: Als die Schildkröte nach Stromboli kam. Schlebrügge, München 2005

Washington H.S.: Persistance of vents at Stromboli and its bearing on volcanic mechanism. Bull. Geol. Soc. Am. 28, 249-278, 1917

Wehrli P.K.: Katalog von Allem, Ammann, Zürich 2008

Zappa Mulas, P.: Purché una luce sia accesa nella notte. Et al Edizioni, Milano 2011

DANK UND ANMERKUNGEN

Zunächst gebührt den Strombolanern, den wahren und den zugewanderten, Dank dafür, dass sie dieses Buch unterstützt haben. Sie sind uns zu Freunden geworden.

Ohne die kreativ Tätigen auf der Insel und ihre Anregungen wäre dieses Buch nie zustande gekommen. Wir widmen es Hans Falk zum Gedenken. Von Fotografen, Geologen, Archäologen, Künstlern und Literaten stammen wissenschaftliche und praktische Informationen sowie einige Aufnahmen. Wenn ihre Namen nicht im Text erscheinen, figurieren sie in der Literaturauswahl oder im Bildnachweis. Ihnen allen fühlen wir uns in Dankbarkeit verbunden.

Der Bibliothek der Eidgenössisch Technischen Hochschule in Zürich (ETHZ) und deren erdwissenschaftlicher Abteilung verdanken wir Literaturrecherchen und Aufnahmen von alten Stichen. Ihr Bestand war immer für Überraschungen gut, auch jener der Zürcher Zentralbibliothek.

Die Darstellungen der Frühgeschichte, der demographischen Entwicklung, des Insellebens von einst und heute sowie von Fauna und Flora sind als Streiflichter zu betrachten. Sie erheben keinen Anspruch auf Vollständigkeit. Was die geologischen Kapitel anbetrifft, so haben wir uns als Laien eingehend in die Fachliteratur vertieft. Das Schwergewicht wurde auf die dramatischen Ereignisse gelegt, die im letzten Jahrzehnt gehäuft auftraten. Auf die petrochemischen Aspekte haben wir verzichtet. Autoren und Verlag bemühten sich intensiv, die Inhaber von Urheberrechten zu ermitteln, was in den meisten Fällen gelang. Sollten darüber hinaus Ansprüche geltend gemacht werden, so bitten wir um Nachricht an den Verlag.

Danken möchten wir Heinz von Arx für sein langjähriges Vertrauen, sein gekonnt gestaltetes Layout und die Buchproduktion, zu denen die Verleger Urs Bolz und Matthias Weber ganz wesentlich beigetragen haben.

224